TEATRO COMPLETO VOLUME 2

O VERDUGO
seguido de
A MORTE DO PATRIARCA

Livros da autora na Coleção **L&PM** POCKET:

Teatro completo volume 1: As aves da noite seguido de
O visitante

Teatro completo volume 2: O verdugo seguido de
A morte do patriarca

Teatro completo volume 3: O rato no muro seguido de
Auto da barca de Camiri

Teatro completo volume 4: A empresa seguido de
O novo sistema

TEATRO COMPLETO VOLUME 2

O VERDUGO
seguido de
A MORTE DO PATRIARCA

Ensaio biobibliográfico de Leusa Araújo
Apresentação de Carlos Eduardo dos Santos Zago

www.lpm.com.br
L&PM POCKET

Coleção **L&PM** POCKET, vol. 1285

Texto de acordo com a nova ortografia.

Primeira edição na Coleção **L&PM** POCKET: junho de 2018.
Esta reimpressão: abril de 2023

Capa: Ivan Pinheiro Machado
Ensaio biobibliográfico: Leusa Araújo
Apresentação: Carlos Eduardo dos Santos Zago
Preparação: Patrícia Yurgel
Revisão: Maurin de Souza

CIP-Brasil. Catalogação na publicação
Sindicato Nacional dos Editores de livros, RJ

H549t

Hilst, Hilda, 1930-2004
    Teatro completo volume 2: O verdugo *seguido de* A morte do patriarca / Hilda Hilst. – 1. ed. – Porto Alegre [RS]: L&PM POCKET, 2023.
    176 p. : 18 cm.   (Teatro completo; 2)

ISBN 978-85-254-3762-4

1. Teatro brasileiro. I. Título. II. Série.

18-49465   CDD: 869.2
                            CDU: 82-2(81)

Meri Gleice Rodrigues de Souza - Bibliotecária CRB-7/6439

© 2018 © by Daniel Bilenky Mora Fuentes em acordo com MTS agência

Todos os direitos desta edição reservados a L&PM Editores
Rua Comendador Coruja, 314, loja 9 – Floresta – 90.220-180
Porto Alegre – RS – Brasil / Fone: 51.3225.5777

Pedidos & Depto. comercial: vendas@lpm.com.br
Fale conosco: info@lpm.com.br
www.lpm.com.br

Impresso no Brasil
Outono de 2023

Sumário

Hilda Hilst: O pássaro-poesia e a gaiola
Leusa Araújo 7

Sobre as peças
Carlos Eduardo dos Santos Zago 26

O verdugo 31

A morte do patriarca 107

Hilda Hilst: O pássaro-poesia e a gaiola

Leusa Araújo*

"Os deuses morrem, mas a divindade é imortal."
Níkos Kazantzákis

Se pudéssemos traçar uma linha divisória para entender a vida e a obra da poeta, dramaturga e escritora Hilda Hilst (1930-2004), uma das mais impressionantes vozes da literatura produzida no século XX, certamente seria em *antes* e *depois* da sua chegada à dramaturgia. O teatro não só prepara a poeta lírica para um salto maior em direção à prosa narrativa como demonstra a disposição de Hilda em se libertar tanto da gaiola da linguagem como das armadilhas do cotidiano. Ou seja, a produção teatral de Hilda coincide com uma nova etapa pessoal: a de dedicação exclusiva à literatura e às questões essenciais do homem perplexo diante do mistério da vida e da morte.

Seu teatro começa a ser composto longe da agitada vida social em São Paulo, onde viveu até os 35 anos. Poeta premiada, conhecida nos meios

---

* Escritora e jornalista. Acompanhou de perto a produção de Hilda Hilst desde os anos 1980.

intelectuais e artísticos, Hilda passou a viver definitivamente na Casa do Sol, em Campinas, construída depois da leitura perturbadora de *Relatório ao Greco*, do escritor Níkos Kazantzákis. Como ele, Hilda acreditou na literatura como via de ascese e de conhecimento da verdade. E que tamanha busca exigia maior interioridade.

Assim, a Casa do Sol será uma espécie de monastério em que tudo foi construído para a disciplina da escritora: nichos de pedra para os livros em quase todos os ambientes e uma arquitetura de cômodos sombrios e de quartos contíguos, que deixavam para o lado de fora a claridade e o calor do interior de São Paulo.

"Foi um começo de bastante solidão", revela Hilda. "Eu tinha uma vida bastante agitada e aqui fiquei numa vida mais concentrada, mais dentro de mim, e fui percebendo também a inutilidade do ser aparência, de várias coisas, enfim, que não tinham mais sentido e, de repente, resolvi começar a escrever exatamente como eu tinha vontade de dizer."

De fato, a dramaturga ocupará quase que inteiramente o lugar da poeta nos primeiros anos na Casa do Sol.

Menina? Que azar!

Hilda Hilst nasceu em 21 de abril de 1930, em Jaú, São Paulo. Quando o pai, Apolônio de Almeida Prado Hilst, fazendeiro, jornalista e poeta, soube que era uma menina, teria dito: "Que azar". Isolou-se em suas terras e cortou os recursos até então dados à mãe de Hilda, Bedecilda Vaz Cardoso, portuguesa por quem havia se apaixonado no Rio de Janeiro e que, mais tarde, viria ao seu encontro em Jaú. Separam-se em 1932. Bedecilda muda-se com Hilda para Santos junto com seu meio-irmão, Ruy Vaz Cardoso, filho de um casamento anterior. Três anos depois, Apolônio será diagnosticado com esquizofrenia paranoide, o que o condenará a quase uma vida inteira em sanatórios.

Hilda criará uma aura mágica em torno da figura do pai, dizendo em repetidas ocasiões: "Em toda minha vida o que fiz foi procurar meu pai e idealizá-lo".

Em São Paulo, Hilda passa oito anos no internato de freiras marcelinas, onde aprende francês, lê Ovídio em latim e decora dicionários inteiros. Essa menina cheia de perguntas em relação aos dogmas da educação religiosa ressurgirá na personagem América e na irmã H – nas peças *A empresa* e *O rato no muro*. Aos quinze anos, inicia o Clássico no Instituto Mackenzie, em São Paulo e, aos dezoito anos, ingressa no bacharelado em direito na Faculdade de Direito do Largo São Francisco.

Aos dezenove anos, podemos vê-la pendurando poemas ilustrados na Exposição de Poesia Paulista, na Galeria Itapetininga, da rua Barão de Itapetininga, em São Paulo – na companhia de Amelia Martins, do poeta Reynaldo Bairão e do pintor Darcy Penteado.

Apesar da formação tradicional, torna-se uma jovem transgressora – lê Camus, Sartre, Kafka, Kierkegaard. Oswald de Andrade, em 1949, na palestra "Novas dimensões da Poesia", no Museu de Arte Moderna de São Paulo, destaca a modernidade de Hilda: "Quando penso que hoje a poetisa Hilda Hilst está cansada de ler Kafka, Hesse, Rilke e Sartre!".

Em uma de suas primeiras aparições como poeta, num evento que reuniu famosos no Museu de Arte de São Paulo, Hilda chama a atenção da escritora e colunista paulistana Helena Silveira: "Lembro-me como se fosse hoje de uma jovenzinha loira, extremamente bonita, que subiu ao tablado e disse os versos: 'Tenho tanta preguiça pelos filhos que vão nascer!'". São versos do seu primeiro livro, *Presságio*, publicado em 1950, aos vinte anos, que despertou imediata acolhida de Cecília Meireles.

"Hilda girando em boates/Hilda fazendo chacrinha/
Hilda dos outros, não minha..."
Carlos Drummond de Andrade, 1952

Aos 24 anos, engaveta definitivamente o diploma de direito. Então curadora do pai, ganha maior independência financeira. Frequenta ao lado de Paulo Mendes da Rocha, Mário Gruber, Rebolo, Sérgio Milliet e outros o famoso Clube dos Artistas Amigos da Arte, ponto de encontro de intelectuais e artistas – inicialmente na rua 7 de abril e mais tarde no "Clubinho", na *cave* da sede do Instituto dos Arquitetos, na esquina das ruas Bento Freitas e General Jardim.

Na sociedade paulistana dos anos 1950, Hilda é poeta de beleza arrebatadora. Desperta versos amorosos de Drummond, cartas de Vinicius de Moraes. Viaja à Europa, veste roupas do badalado estilista Dener. Dá uma passada nos finais de tarde pela Livraria Jaraguá – onde encontra intelectuais – e, depois, segue para a boate Oásis em "companhias duvidosas". No dia seguinte, seu *vison* é comentado nas colunas sociais.

Em 1961, é escolhida para entregar a Augusto Boal o prêmio Saci de melhor autor com a peça *Revolução na América do Sul*. Segue publicando seus livros de poemas e, em 1962, recebe o prêmio Pen Clube de São Paulo por *Sete cantos do poeta para o anjo*, ilustrado por Wesley Duke Lee, prefaciado por Dora Ferreira da Silva, e que marcaria o início de uma longa parceria com o editor e designer gráfico Massao Ohno.

> "Não cantei cotidianos. Só te cantei a ti/Pássaro-Poesia/E a paisagem-limite: o fosso, o extremo/A convulsão do Homem."
>
> *Hilda Hilst*

Curiosamente, aos 35 anos, a socialite resolve fazer um movimento inesperado. É quando se muda para a sede da Fazenda São José, de sua mãe, em Campinas, a fim de acompanhar de perto esta que será parte integrante de sua obra: a Casa do Sol. Em 1966, ano da morte de seu pai, passa a viver definitivamente na Casa na companhia do escultor Dante Casarini – com quem ficaria casada entre 1968 e 1985 – e de muitos amigos que por lá passaram, como os escritores Caio Fernando Abreu, José Luis Mora Fuentes e a artista plástica Olga Bilenky. Rodeada por dezenas de cachorros, lê e escreve diariamente, ampliando sua obra. Lá produz toda a sua dramaturgia – de 1967 a 1969 – e inicia-se na ficção.

Entre 1970 e 1989, além de empreender uma nova reunião da sua poesia (publicada de forma fragmentada por pequenas editoras) e de ganhar o Grande Prêmio da Crítica pelo Conjunto da Obra da Associação Paulista dos Críticos de Arte, lança sete novos títulos de poesia e seis outros de ficção – entre os quais *A obscena senhora D* e *Com os meus olhos de cão e outras novelas* –, primeira reunião da sua prosa por uma editora de alcance nacional, a Brasiliense.

Por mais que Hilda tenha mantido o mito da vida reclusa, durante décadas a Casa do Sol permanece sendo um precioso local de encontro de artistas, de físicos e de inúmeros amigos queridos. Porém, o centro de tudo era a produção de Hilda, quase sempre abduzida pelo assunto de sua obra no momento. Adorava ouvir histórias que pudessem enriquecer suas impressões – assim como sobre a vida de santos, mártires e revolucionários que tanto marcaram seu teatro. Escrever era um mergulho profundo e Hilda convidava todos os seus amigos a se afogarem com ela.

No início dos anos 1990, ao completar mais de quarenta anos de trabalho, faz um balanço desanimador sobre a recepção de sua obra e resolve abandonar o que chamou de "literatura séria" para inaugurar a fase "bandalheira" – como se referia à iniciativa da "tetralogia obscena": *O caderno rosa de Lori Lamby* (1990), *Contos d'escárnio/Textos grotescos* (1990), *Cartas de um sedutor* (1991) e *Bufólicas* (1992). Entre 1992 e 1995, passou a escrever crônicas semanais para o *Correio Popular*, de Campinas. Em 1994, recebe o Jabuti por *Rútilo nada*. Mais tarde, o prêmio Moinho Santista pelo conjunto da produção poética, em 2002.

Hilda morreu na madrugada de 4 de fevereiro de 2004, em Campinas, depois de complicações em uma cirurgia no fêmur devido a insuficiência cardíaca e pulmonar. Hoje sua obra é lida e adaptada para os palcos, traduzida em vários países como Itália, França, Portugal, Alemanha, Estados Unidos, Canadá, Argentina, Dinamarca e Japão. E pesquisadores de todo o país se debruçam sobre seu arquivo pessoal, depositado no Centro de Documentação Cultural Alexandre Eulálio, na Unicamp.

Mas ainda há muito o que dizer da influência da dramaturgia hilstiana sobre sua produção posterior – tanto na poesia quanto na prosa ficcional e nas crônicas. Pois nos textos teatrais é apregoada sua visão da linguagem como ato político "de não pactuação com o que nos circunda e o que tenta nos enredar com seu embuste, a sua mentira ardilosamente sedutora e bem armada", como afirmou em entrevista. Em uma palavra, o teatro hilstiano quer ver cair a máscara do Homem.

O TEATRO EM REGIME DE URGÊNCIA

As oito peças que compõem o teatro hilstiano foram escritas em regime de urgência nos anos de 1967-1969. Hilda idealizou em seu teatro o alcance de um público mais amplo para a expressão de suas ideias e principalmente como plataforma para uma verdadeira distopia.

O momento é sombrio: regimes totalitários e ditatoriais avançam na contramão do espírito revolucionário da década. Já em 1963, Hilda participa de um ato de protesto contra a prisão de escritores e cineastas pela polícia salazarista, em Portugal; em seguida, aterroriza-se com os efeitos da Guerra do Vietnã e vê a ditadura recrudescer no Brasil, mostrando cada vez mais suas garras (como em *O novo sistema*). Abrigou em sua casa o amigo e renomado físico brasileiro Mário Schenberg, que, mesmo depois de preso em 1965, continuou a ser perseguido até que seus direitos fossem cassados em 1969.

Hilda tinha clareza da gravidade do período e, assim como outros autores, utilizou-se de alegorias para dar seu recado nos palcos, seguindo o que disse o crítico Décio de Almeida Prado: "Um código suficientemente obscuro para escapar à censura e suficientemente claro para poder ser decifrado sem dificuldades". Do contrário, poderia ter as unhas arrancadas ou ser torturada, como Hilda declarou em entrevista sobre o tema, anos mais tarde.

O UNICÓRNIO DA DRAMATURGIA

À medida que escrevia, Hilda enviava os originais a Alfredo Mesquita – diretor da Escola de Arte Dramática (EAD) da Universidade de São Paulo, espaço para um novo teatro brasileiro. Por intermédio de Mesquita, tanto *O rato no muro* quanto *O visitante* serão encenadas pelos alunos, em 1968, sob a direção de Terezinha Aguiar. No ano seguinte, *O rato no muro* será levada ao Festival de Teatro Universitário na Colômbia.

O maior entusiasta da dramaturgia hilstiana, entretanto, foi o crítico e filósofo alemão Anatol Rosenfeld – um militante de esquerda que, a despeito de sua prodigiosa formação acadêmica na Europa, viveu de forma quase monástica em São Paulo, num pequeno apartamento cercado por livros, e oferecendo cursos livres (na própria EAD), sem aceitar sequer a reparação oferecida pela Alemanha pós-guerra aos judeus refugiados.

É dele o célebre artigo "O teatro de Hilda Hilst", publicado em 1969 pelo *O Estado de S. Paulo*, em que aponta a poeta como verdadeiro acontecimento na dramaturgia brasileira. Reconhece no seu estilo proximidade com os expressionistas alemães, por seus personagens típicos e sua tendência à abstração. Mais tarde irá resumir: "A autora é uma espécie de unicórnio dentro da dramaturgia brasileira". Hilda estabelecerá uma correspondência com o crítico e, graças à insistência dele, inicia-se na prosa ficcional – o que se dará já em 1970, com a publicação de *Fluxo-Floema* – em que uma das histórias terá justamente como título "O unicórnio".

> "Todo aquele que se pergunta em profundidade é um ser religioso. Tentei fazer isso em todas as minhas peças."
>
> *Hilda Hilst*

Seguindo a ordem da publicação que chega ao leitor pela L&PM Editores, *As aves da noite*, escrita em 1968, é baseada na história real do padre franciscano Maximilian Kolbe, morto em 1941, no campo nazista de Auschwitz. Ele se apresentou voluntariamente para ocupar o lugar de um judeu pai de família sorteado para morrer no chamado "porão da fome" em represália à fuga de um prisioneiro. "De início quis fazer dessa peça uma advertência", escreve Hilda em carta a Anatol Rosenfeld, referindo-se aos sinais do surgimento do neonazismo na Alemanha. "É claro que não surgirá necessariamente um novo Hitler [...], mas acredito no espírito revanchista, e o neonazismo é mascarado, mas para mim será sempre o espírito nazista." No porão da fome, a autora coloca em conflito os prisioneiros – o padre, o poeta, o estudante, o joalheiro –, visitados pelo carcereiro, pela mulher que limpa os fornos e por Hans, o ajudante da SS. "É justamente nas situações extremas (morte, amor) que a poesia se faz", explica Hilda. O processo de beatificação do padre Maximilian Kolbe, iniciado em 1948, resultará na canonização em 1982, ano em que a peça estava sendo encenada no Rio de Janeiro, sob a direção de Carlos Murtinho. Mesmo avessa a viagens, Hilda acompanhou durante dois meses os ensaios.

Sua peça mais poética, *O visitante* (1968), gira em torno do conflito entre Ana e Maria – mãe e filha. Ana, encantadora e meiga, descobre estar grávida. Mas a filha, estéril e parecendo mais velha, levanta suspeitas sobre a paternidade, já que seu marido, genro de Ana, é o único homem da casa. A chegada do visitante, o Corcunda, provoca uma distensão sem, no entanto, apagar o conflito entre, de um lado, o apelo da vida, do sexo e do amor e, do outro, a aspereza de um mundo sem prazer. Num cenário entre o medieval e o nazareno – como propõe a autora –, segue um texto com forte erotismo, ponto de partida de "Matamoros", prosa ficcional que será publicada doze anos mais tarde como parte do livro *Tu não te moves de ti.*

O verdugo foi escrito em 1969 e, no mesmo ano, recebeu o prêmio Anchieta – escolhido pelo júri composto por Antonio Abujamra,

Gianni Ratto e Ivo Zanini. Estreou em 1972, na Universidade Estadual de Londrina, sob a direção de Nitis Jacon e, em 1973, foi montado pelo diretor Rofran Fernandes, que introduziu acréscimos ao texto original e deu ao espetáculo nova concepção cênica. Conta a história do carrasco que se recusa a matar o Homem, um agitador inocente, condenado pelos Juízes e amado por seu povo. Temendo reações contrárias, os Juízes tentam – em vão – subornar o verdugo para que este realize a tarefa o mais rápido possível. Apenas o jovem filho entende a recusa do pai. A mulher, ao contrário, aceita a oferta em dinheiro e toma o lugar do marido ao pé do patíbulo, com a concordância da filha e do genro. No final, o verdugo reaparece, desmascara a mulher e conta ao povo o que se passara após sua decisão. O povo reage violentamente matando a pauladas o carrasco e o Homem. O filho sobrevive e foge com os Homens-coiotes, símbolos de resistência. O texto revela a identificação de Hilda com o escritor sueco e prêmio Nobel de 1951, Pär Lagerkvist, autor de *Barrabás* e do conto "O verdugo" (1933), um libelo contra as ditaduras europeias de então. No drama sueco, o carrasco se revolta diante do

Criador, questionando-o por tolerar uma profissão em que se vive "em meio ao sangue e ao terror". Em 1970, Hilda Hilst anunciará em seu conto "O unicórnio": "Eu gostaria de escrever como o Pär Lagerkvist".

Em *A morte do patriarca* (1969) podemos reconhecer o humor ácido e o tom de escárnio de Hilda. Um Demônio com "rabo elegante" e de modos finos discute os dogmas da religião e o destino humano com Anjos, o Cardeal e o Monsenhor, ante a visão dos bustos de Marx, Mao, Lênin e Ulisses, de uma enorme estátua de Cristo e da tentativa do Monsenhor de colocar asas na escultura de um pássaro. O Demônio seduzirá o Cardeal a tomar o lugar do Papa; posteriormente, o próprio Papa será morto pelo povo. Em entrevista dos anos 1990, Hilda dirá que, ao contrário do que imaginava, nunca houve período em que o homem teria visto supridas suas necessidades básicas, como comer e fazer sexo. "Os contemporâneos não prepararam o caminho do homem para a ociosidade" – etapa necessária, segundo ela, para que este "passe a pensar" e ganhe a perdida "vitalidade álmica".

O ambiente do colégio religioso, recorrente na obra da autora, aparece em *O rato no muro*

(1967) ainda mais estreito. Tudo se passa numa capela, onde a Superiora está cercada por nove irmãs, identificadas pelas letras de A a I. Ajoelhadas e ao lado de cada uma delas, o "chicote de três cordas". Cada religiosa expressa visões diferentes a partir de pequenos abalos ao austero cotidiano do claustro. Irmã H (alter ego da autora) é a mais questionadora e lúcida. Tenta, em vão, mostrar às outras a necessidade de libertação – representada pelo desejo de ser o rato, único capaz de ultrapassar os limites do muro da opressão e do pensamento único. Em "O unicórnio", Hilda voltará ao tema, rememorando sua chegada ao colégio de freiras, em 1938, e os diálogos com irmãs e superioras.

Outro texto baseado em fatos reais é *Auto da barca de Camiri* (1968). Em julgamento encontramos o revolucionário argentino Ernesto Che Guevara, morto em Camiri, na Bolívia – ainda que seu nome não seja mencionado e que sua figura, na peça, seja confundida com a de Cristo. Sob a tensão permanente dos ruídos de metralhadora soando do lado de fora e com o auxílio do cheiro dos populares que desagradam os julgadores, Hilda introduz elementos grotescos e inovadores. A severidade da Lei é representada pelos juízes (mostrados de ceroulas antes de vestirem as togas com abundantes rendas nos decotes e mangas). Há também o Prelado e o Agente. A condenação já está decidida, a despeito do depoimento do Trapezista e do Passarinheiro, que, assim como os demais humildes, serão executados pelas metralhadoras. Um dado importante para o entendimento da obra hilstiana é a menção dos dois sentidos da palavra "escatologia" – tanto como doutrina do futuro quanto de excremento: "Sobre nossas cabeças enfim o que os homens tanto desejam: a matéria! [...] como um novo céu, a merda!". Em 2017, foi apresentada no Festival Latino-Americano de Teatro da Bahia, em Salvador, pela Universidade Livre do Teatro de Vila Velha.

A empresa (inicialmente *A possessa*) foi o seu texto de estreia na dramaturgia, em 1967. Uma crítica ao trabalho alienado, em que se busca mais a eficiência do que a criatividade. América é uma adolescente questionadora que se rebela contra a tradição representada pelo colégio religioso – e terá de prestar contas para o Monsenhor e o Superintendente. Esse inconformismo é medido por certos "termômetros psíquicos" – no dizer de Anatol Rosenfeld, ou "robôs eletrônicos" (os personagens Eta e Dzveta) criados pela própria América e, depois, utilizados pela Instituição para conter as "asas do espírito" e a imaginação. Ou seja, os dirigentes do colégio/empresa impõem às Postulantes e a América um trabalho alienante, o que desencadeia a morte da protagonista.

O novo sistema, última peça escrita em 1968, volta ao tema da privação da liberdade e da criatividade por regimes totalitários. O personagem central do Menino, prodígio em Física, não se conformará com a execução dos dissidentes em praça pública nem com a opressão – desta vez exercida pela Ciência – à evolução espiritual do indivíduo. Assim como em *A empresa*, é evidente a afinidade com a literatura distópica de George Orwell e Aldous Huxley.

Foi com essa visão do homem angustiado – ora vítima, ora algoz, mas sempre preso às engrenagens de um sistema que o escraviza e o aliena – que Hilda construiu seu teatro. Mas como romper a dominação do homem pelo homem? A resposta em sua dramaturgia ecoará para toda a obra posterior: a busca do homem amoroso, generoso e pleno de bondade. Uma busca heroica e místico-religiosa, espécie de nostalgia da santidade, por isso as figuras de Che Guevara morto, do mártir Maximilian Kolbe e do próprio Cristo tantas vezes presente ou evocado.

Seus personagens "são homens diante de homens numa situação limite", em celas, porões, colégios religiosos, ao pé do patíbulo ou mesmo na praça onde amarram-se prisioneiros aos postes. Eles surgem cobertos pelas máscaras sociais que Hilda teimará em arrancar: o juiz, o carcereiro, o monsenhor, o papa, a madre superiora – verdadeiros inquisidores. Em contrapartida, o poeta, o estudante, o menino, a irmã H, o trapezista e tantas outras criaturas dotadas de almas e tolhidas – como pássaros em gaiolas – do seu verdadeiro voo.

Sobre as peças

*Carlos Eduardo dos Santos Zago**

A relativização da modernidade é um dos temas principais da peça *O verdugo* (1969), em que se pode perceber a utilização das regras públicas em causa própria, sobretudo pelo mau uso da justiça e pelo suborno, capazes de condenar à morte o Homem, personagem que profere discursos revolucionários à população de uma pequena vila.

Junto à mistura das instâncias pública e privada, pode-se notar uma crise de identidade em alguns personagens, o que ajuda a compreender este teatro como linguagem política denunciadora, justamente por encenar a troca dos valores e dos papéis sociais, sobretudo a partir das relações mediadas pelo dinheiro, já que, ao final, os discursos se igualarão aos figurinos e tudo passará a ser mascaramento e disfarce. Explico: a tensão dramática da peça ocorre quando o Verdugo se recusa a executar o personagem revolucionário, por acreditar em seus dizeres e por não concordar, juntamente aos cidadãos, com sua morte. Os

---

* Carlos Eduardo dos Santos Zago é doutor em Literatura e Vida Social pela Unesp.

juízes, porém, seguem até a casa do executor e lhe oferecem uma quantia maior de dinheiro. Há recusa, mais uma vez. Sua Mulher, entretanto, aceita o suborno e se traveste com as roupas do marido. A partir de então, assume suas funções e práticas.

Ao longo da peça, outras transformações ocorrem. O Verdugo passa de executor a salvador, incorporando recursos discursivos do Homem, sobretudo a utilização de metáforas e parábolas; o Homem, por sua vez, passa de redentor a condenado; a justiça perde sua objetividade; e a população, particularmente no segundo ato, passa de potente coletivo revolucionário a massa de manobra. Junto à troca de figurinos, aparecem outros recursos teatrais que formalizam a relativização do homem, disparada pelo dinheiro, como a luz, que serve à criação de sombras e cortes metonímicos, revelando ou destacando apenas parte de um personagem.

Como resistência à total integralização do sujeito ao escambo das mercadorias, o Filho aparece, retomando um recorrente personagem do teatro de Hilda Hilst: as figuras jovens em que se deposita uma potência transgressora. Ao desenvolver da trama, sua ação mais comum é de repensar e interpretar o discurso alheio. Dessa maneira, parece sinalizar ao público que se permite leitor/espectador atento artimanhas e ambiguidades presentes em cena, como o próprio jogo entre ator e personagem, posto na troca de figurinos; a utilização de um vocabulário ligado ao ambiente familiar, utilizado pelos juízes para convencer a família do Verdugo a compartilhar de suas práticas perversas; ou a interpretação de narrativas alusivas ao contexto encenado, memoradas e contadas por diferentes personagens.

Por fim, *O verdugo* parece representar o processo de modernização da pequena vila em que é ambientado seu enredo, onde traços arcaicos – como a presença de personagens fantásticos, tais quais os Homens-coiotes – convivem com novas posturas, sobretudo as ligadas ao poder da moeda. Qualquer semelhança com a nossa sociedade está longe de ser mera coincidência.

A morte do patriarca (1969) é peça de tom filosófico, pois sua principal preocupação é com o debate de ideias. Em cena, nenhum discurso proferido proporciona esperança à humanidade; tanto o discurso religioso como o político, o literário e o filosófico se mostram esvaziados. O leitor, assim, depara-se com recursos cênicos e linguísticos representativos da descrença e da relativização da modernidade, que anunciam tempos distópicos.

Dentre os personagens alegóricos, como os anjos e os representantes do clero católico, o Demônio é o mais ativo. Para se comunicar, intervindo nos rumos do mundo, traz à cena estátuas e símbolos de heróis, políticos e pensadores, como Marx, Mao, Lênin, Ulisses e Cristo, manipulando, também, relíquias religiosas e discursos de diversas áreas e contextos, na tentativa de encontrar alguma palavra que possa reencantar os homens. Essa variedade de alusões é central para a construção do texto, pois como parte dos diálogos encontram-se parodiados trechos de *A última tentação de Cristo*, romance do escritor grego Níkos Kazantzákis; de peças de Shakespeare; de *Os Lusíadas* de Camões; da *Odisseia* de Homero; e, entre outros, de *La démonologie*, livro do teólogo francês Édouard Langton.

Soma-se à variedade de referências uma linguagem ora esvaziada ora ambígua, refletida em frases feitas, em bordões e em dizeres com duplo sentido. Com isso, os recursos cênicos são favoráveis à representação do esvaziamento dos modelos sociais, políticos e intelectuais. A insistente e falhada ação do Cardeal, de colocar asas em um esqueleto de pássaro, assim como a cena em que se traveste de Papa, aludem à posição cambiável e fragmentada dos personagens no mundo moderno. Fato também projetado em outros elementos cênicos, que nunca aparecem íntegros, há sempre algo que lhes falta: os bustos; o excesso de frases interrompidas; o jogo de luz, que ilumina um plano enquanto se apaga outro; as referências veladas; o povo, que não aparece, de fato, em cena; e o pássaro, apenas carcaça. A construção simbólica do cenário reforça ainda mais o sentido, com seu piso quadriculado, tal qual um tabuleiro de xadrez, jogo que se desenvolve ao longo do texto com desvantagens para o Papa, prenunciando seu fim.

A morte do patriarca, portanto, é um alerta à nossa desumanização, à nossa transformação em peças manipuláveis, o que parece estar resumido na fala do Demônio: "[...] talvez exista em algum trecho uma palavra-chave. Alguma coisa que os emocione novamente".

O VERDUGO
(1969)

Personagens

O Verdugo: Homem de 50 anos.

A Mulher do Verdugo: 45 anos, forte. Tom quase sempre amaro, ríspido.

Filho: Jovem.

Filha: 28 anos.

Noivo da Filha: Aspecto pusilânime, tem sempre um sorriso idiota.

Carcereiro

Juiz velho: 50 anos.

Juiz jovem: 30 anos.

Cidadãos: Podem ser muitos, mas os que falam são em número de seis.

O homem: Deve ser alto.

Os dois homens-coiotes: Devem ser altos.

1º ATO

Cenário

Casa modesta, mas decente. Sala pequena. Mesa rústica. Dois bancos compridos junto à mesa. Um velho sofá. Uma velha poltrona. Uma porta de entrada. Outra porta dando para o quarto. Paredes brancas. Dois pequenos lampiões. Aspecto geral muito limpo. Nessa sala não deve haver mais nada, nada que identifique essa família particularmente. Moram numa vila do interior, em algum lugar triste do mundo. Mesa posta. O Verdugo, a mulher, a filha e o filho estão sentados à mesa. A mulher deve estar servindo sopa ao marido. É noite.

Mulher (*ríspida. Para o Verdugo*): Come, come, durante a comida pelo menos você deve se esquecer dessas coisas. Que te importa se o homem tem boa cara ou não? É apenas mais um para o repasto da terra. (*pausa*)

Verdugo (*manso*): Você não compreende.

Mulher: Não compreendo, compreendo muito bem, mas que me importa? Não sou eu que faço as leis. Estou limpa. E você também está limpo. (*pausa. Começam a tomar a sopa*)

Filho: O pai sabe que é imundície tocar naquela corda que vai matar o homem.

Filha: Cala a boca você.

Filho (*exaltado*): Por quê? Por que é que eu tenho de calar? Você pensa apenas em você. E se o pai vai ganhar dinheiro por fora desta vez é porque é mais difícil matar aquele homem do que qualquer outro.

Verdugo: Ninguém falou em dinheiro ainda.

Filho (*dócil*): Mas vão falar, vão falar. Espera, pai. (*pausa*) O pai sabe que o homem dizia coisas certas. O homem é bom.

Filha: Bom, bom (*com desprezo*), ha, ha, ele pôs fogo em todo o mundo. Fogo, só isso.

Filho: Ele é bom.

Mulher: Bondade é dar dinheiro para encher a barriga. Ele te deu dinheiro, por acaso?

Filho: Ele me deu outra coisa.

Filha (*com ironia*): E que coisa foi essa?

Filho: Você não compreende. Nem adianta falar.

Mulher (*para o Filho*): A sua irmã é uma estúpida para não compreender o que você fala? Deixa de ser bobo, menino. Começou a estudar outro dia mesmo.

Filho: Mãe, o pai sabe que é imundície tocar naquele homem.

Mulher: Imundície ou não, não me importa nada. Come. (*pausa*) A mim me importa encher a barriga de vocês.

Filho: O homem falou que encher a barriga é importante, mas que não é tudo.

Mulher: Não? Não? Quem sabe se ele quer encher (*põe a barriga para frente e contorna-a com as duas mãos*) a barriga das mulheres, hein? E isso que o homem também quer?

Filho (*manso*): Para, mãe. Ninguém aqui na vila quer que o homem morra, a senhora sabe.

Mulher: Ninguém aqui na vila... E quem são esses coitados? Cuida da tua vida, menino.

Verdugo: Deixa o rapaz.

Mulher: Você está sempre do lado dele.

Verdugo (*manso*): Não é isso, não é isso.

Filha: É sim, meu pai. O senhor o defende sempre. Por quê? Ele é melhor do que nós? Eu também não sou sua filha?

Verdugo: Me deixa comer.

Mulher: É, nessas horas ele só quer comer.

Verdugo: Ô merda, mulher! A minha cabeça aguenta algum tempo, depois eu me esqueço, ouviu? Me esqueço que sou um homem e viro... chega! (*pausa. Brando*) O homem tem uma cara impressionante. (*pausa*)

Filho: Como ele é bem de perto, pai? (*pausa*) Fala.

Verdugo: O homem tem um olhar... um olhar... honesto.

Mulher: Honesto, ha!

Verdugo: Limpo, limpo. Limpo por dentro.

Mulher (*com desprezo*): Ah, isso!

Filha: Por dentro ninguém sabe como ele é. Ninguém sabe como ninguém é por dentro.

Filho: Eu sei como você é por dentro.

Filha: Ah, sabe? Fala, então.

Filho: Por dentro você não tem nada. É oca.

Verdugo (*manso*): Chega.

FILHA (*para o irmão*): Mas vou deixar de ser. Vou casar, vou ter filhos...

FILHO (*interrompe e refere-se ao noivo da irmã*): Com aquele? (*faz caras de desprezo*)

FILHA (*exaltada*): Com aquele, sim. E vou deixar de ver a tua cara. Isso já será um grande consolo.

FILHO: Você só pode se casar se o pai ganhar esse dinheiro.

FILHA: A morte do homem é daqui a dois dias.

FILHO: O pai não vai fazer o serviço.

MULHER: Cala, menino. Cala. (*pausa*) Come. (*pausa*)

FILHO: Hein, pai?

VERDUGO (*manso*): Não sei, meu filho, não sei.

MULHER (*para o Filho*): O seu pai precisa descansar. E vai aceitar o serviço, sim. (*para o Verdugo, branda*) Não é?

VERDUGO (*seco*): Não sei.

MULHER: Trate de ficar sabendo logo. Não é o primeiro nas tuas mãos.

VERDUGO (*seco*): Ele é diferente.

MULHER: Diferente, limpo, uf! É igual aos outros.

Filho: Ninguém tem o mesmo rosto.

Mulher: Eu quero dizer que ele é igual a todos os outros filhos da puta que morreram porque a lei mandou. (*para o Verdugo, sorrindo com ironia*) Você se lembra daquele que parecia um anjinho? Hein? Lembra? Todos diziam...

Verdugo (*interrompe*): Eu não.

Mulher: ...mas os outros diziam: ele tem cara de anjo. E vocês se lembram do que ele fez? (*para o Verdugo e para o Filho*) Se lembram? Acho que vocês dois não estão lembrados. (*para a Filha*) Conta, filha, porque aquele outro anjinho foi condenado.

Filha (*sorrindo*): Ele matou aqueles dois menininhos.

Mulher (*irônica*): Só isso?

Filha (*sorrindo*): Não. Primeiro ele queimou as plantas dos pés e as mãozinhas dos menininhos.

Mulher: E depois?

Verdugo (*seco*): Já sabemos, chega.

Mulher (*para o Verdugo*): Não, espera. (*para a Filha*) E por que ele queimou as plantas dos pés e as mãozinhas dos meninos? Hein, filha?

Filha (*sorrindo*): Porque assim os menininhos não podiam ficar em pé e nem podiam se defender com as mãozinhas.

Mulher: Para fazer aquela porcaria, não é? Então, e muita gente dizia que ele parecia um anjinho.

Verdugo: Eu não.

Filho: Mas esse é diferente, não é nada disso, mãe. Esse só falou.

Mulher: Deve ter falado besteira.

Filho: Ele falava de Deus, também.

Mulher: Deus, Deus, onde é que está esse Deus? (*para o Filho*) Não foi você mesmo que andou lendo que naquele lugar, lá longe...

Filho (*interrompe*): Na Índia.

Mulher: Sei lá, na Índia, onde for, as criancinhas de seis anos vão para o puteiro? Deus, Deus... e depois não foi você mesmo quem disse que se elas não fossem para os puteiros aos seis anos elas morreriam de qualquer jeito, de fome? Hein?

Filho: Foi, sim, mãe. Fui eu mesmo.

Mulher: Então deixa o teu pai fazer o serviço. Se Deus não consegue ajudar aquelas criancinhas, você acha que esse homem é que vai nos ajudar? (*pausa*)

Filho (*para o pai*): O pai não quer fazer, não é?

Mulher: Essa é a profissão de teu pai.

Filho (*olhando para o pai*): Verdugo.

Mulher: Verdugo, sim. Uma profissão como qualquer outra. (*pausa*)

Verdugo: Mas esse homem eu não quero matar, mulher.

Mulher (*impaciente*): Mas não é você quem vai matar. É a lei que mata. Você é o único aqui na vila que pode fazer o serviço. Ninguém mais. Ora, que besteira.

Verdugo: Mas a gente da vila não quer que o homem morra. O povo...

Mulher (*interrompe*): Deixa disso, o povo é filho da puta, eles fazem assim só pra não dar o gosto pra aqueles juízes.

Filho: Os juízes estavam cansados. Você viu, mãe? Eles quase se deitavam sobre a mesa. O rosto dos dois estava branco. E as mãos também. Eles suavam.

Mulher: Pudera. Com aquela roupa negra.

Filho: Eles suavam de medo.

Filha: Medo! Juiz algum tem medo?

Filho: Um deles tinha os olhos vermelhos.

Filha: Estava resfriado.

Filho: Resfriado nada. Parecia até que tinha chorado.

Filha: Um juiz chorando! Que imaginação!

Filho (*querendo terminar a discussão*): Tá bem. Devia ser o calor.

Filha: Estava frio.

Filho: Frio! Você está louca.

Filha: Eu sentia frio.

Filho: Você sentia era medo.

Filha: Medo de quê?

Filho: Medo do homem.

Filha: Mas você é besta mesmo, não? Por que eu havia de sentir medo daquele homem? O homem não é nada meu, é só um homem que falava, falava... (*pausa*) Idiota.

Filho: O homem é bom de perto, pai?

Verdugo (*manso*): Não sei, meu filho, não sei. (*pausa*) É muito difícil para mim. É assim como se eu tivesse que cortar uma árvore, você entende? Eu nunca derrubei uma árvore, eu não saberia, é difícil, não é o meu ofício.

MULHER: Uma árvore... Você cortou cabeças, enforca gente e fala de uma árvore. Parece que está louco.

VERDUGO: É diferente, mulher. É diferente. Esse homem é como se fosse uma árvore para mim. (*pausa*)

FILHO: Que cara ele tem bem de perto, pai?

MULHER: A mesma cara de longe. (*pausa*)

FILHO (*para o pai*): E as mãos? Eram bonitas de longe.

FILHA (*com desprezo*): Bonitas! Eram mãos.

FILHO (*maravilhado*): Grandes. (*pausa*)

VERDUGO: De perto, meu filho... ele parece o mar. Você olha, olha e não sabe direito pra onde olhar. Ele parece que tem vários rostos.

MULHER: Todo mundo só tem um rosto.

VERDUGO (*para o Filho*): ...de repente, ele olha firme, você sabe? Assim como se eu te atravessasse. É muito difícil olhar para ele quando ele olha assim. E depois... ele também pode olhar de um jeito... Você se lembra daquele cavalo que um dia te seguiu?

FILHA (*rindo*): Quem é que não se lembra? O cavalo não aguentava subir aquela ladeira. O dono do cavalo dava umas pauladas no focinho do coitado. (*ri. Para o irmão*) Aí você gritou: "se você é tão macho para bater em mim como bate nesse cavalo, eu corto o meu..." (*ri*) e pulou em cima do homem como um leão. O coitado fugiu feito doido. E o cavalo só podia te seguir, lógico. (*ri*) Até o cavalo compreendeu. Foi engraçado aquele dia.

Todos riem. Pausa.

VERDUGO (*para o Filho*): Mas você se lembra dos olhos do cavalo?

FILHO: Eu me lembro, sim, pai, eu me lembro. (*pausa*)

VERDUGO: Pois o homem tem às vezes aquele olho.

FILHO: Então ele é bom, pai.

MULHER: Mas o que adianta vocês ficarem falando que ele é bom, se ele tem os olhos do cavalo ou não? (*para o Filho*) O homem tem de morrer e é seu pai quem vai fazer o serviço. E vai ganhar bem desta vez. Vamos começar outra vida, tenho certeza.

Batem na porta.

Mulher (*para a Filha*): É o teu noivo. Abre.

A Filha vai até a porta. Abre e fecha rapidamente. Entra o Noivo.

Filha (*para o Noivo, meiga*): Você chegou tarde hoje.

Noivo (*para todos, sorriso idiota*): Boa noite.

Verdugo (*seco*): Boa noite.

Mulher (*amável*): Boa noite, meu filho. Senta. Já jantou hoje? (*o Noivo faz uma cara apreensiva*) Mas que cara!

Noivo (*para o Verdugo*): Tem gente aí querendo falar com o senhor.

Verdugo: Que gente?

Noivo (*sorriso idiota*): Os homens... de preto.

Mulher (*apreensiva*): Os juízes?

Noivo: É.

Filha (*para o Noivo*): E você fechou a porta?

Noivo: Você é que fechou.

Mulher: E a casa desse jeito. Nem tirei a mesa. (*tenta tirar as coisas de cima da mesa*)

Verdugo: Manda entrar, mulher, vai. Eles sabem que a casa é assim mesmo.

A mulher vai abrir a porta.

Mulher: Entrem, por favor, Excelências. (*os juízes entram*) Não esperávamos, está tudo ainda... (*mostra a mesa em desordem*)

Juízes (*interrompendo, para todos*): Boa noite.

Filha e Noivo: Boa noite.

Verdugo (*seco*): Boa noite.

O filho do Verdugo cumprimenta apenas com a cabeça.

Juiz velho: Fiquem tranquilos. Nós só viemos para combinar.

Mulher (*servil*): Por favor, sentem, Excelências, por favor.

Juízes (*sentando-se*): Obrigado. (*pausa longa*)

Juiz jovem (*para a mulher*): A moça vai casar, não é?

Mulher: Esperamos, mas (*apontando para o Noivo*) ele está sem serviço. (*pausa longa*)

Juiz jovem: Tudo se arruma, não é?

Mulher: Seria um presente do céu, Excelência.

Juiz jovem: Pois é. (*pausa longa*)

Juiz velho: Vão melhorar de vida.

MULHER: Se Deus quiser, Excelência.

JUIZ VELHO: Parece que Deus quer. (*pausa*)

JUIZ JOVEM (*para a Mulher*): Mas...

MULHER (*interrompe*): Posso oferecer alguma coisa?

JUIZ JOVEM: Não, não, temos um pouco de pressa. Ainda não fomos para nossas casas. Nem pudemos tirar essa roupa. (*olha para a toga*)

FILHA (*fazendo a mulherzinha para o Juiz Jovem*): É bonita essa roupa.

JUIZ JOVEM: É pesada.

FILHA: Mas é bonita.

JUIZ VELHO (*para a Filha*): Então vai se casar.

FILHA: Acho que sim, (*olha para o Noivo*) não é? (*olha para o Juiz jovem. Sorri. Os juízes sorriem. Pausa*)

JUIZ JOVEM (*para o Verdugo*): Bem, o senhor sabe como é... o homem... tem de morrer.

MULHER: Sabemos, lógico. Tem de morrer.

JUIZ JOVEM: Não há outro jeito.

JUIZ VELHO (*para o Verdugo*): Ele falou demais. O senhor compreende? E boca deve ter uma medida.

Juiz jovem: Certas palavras não devem ser ditas.

Mulher: Ele falava muito, é verdade.

Noivo (*sorriso idiota*): Ele falava coisas sem sentido.

Juiz jovem: Confundiu todo mundo.

Filha (*sorrindo para o Juiz jovem*): Eu não entendia bem o que ele falava.

Juiz velho: Nem era para entender, minha filha. Ninguém entendia.

Filha (*olhando para o Juiz jovem. Sorrindo*): E depois sempre havia tanta gente... Eu não conseguia chegar muito perto.

Mulher (*para os juízes*): A gente é curiosa. Só ia pra ver, ver como era, os senhores sabem.

Juiz jovem: Compreendo. É a novidade. (*pausa*)

Noivo (*sorriso idiota*): Aqui a gente não tem nada pra ver.

Juiz velho: Claro. (*pausa*)

Juiz jovem (*para o Verdugo*): O senhor já está preparado, então.

Mulher: Ah, está sim, ele não precisa se preparar muito. (*sorri*) É o ofício dele, de sempre, (*para o marido*) não é?

Filho: O pai não respondeu.

Mulher: Vai saindo, menino. Você não tem a escola?

Filho: Hoje eu não vou à escola.

Mulher: Imagine, vai de qualquer jeito, vamos.

Juiz jovem: Espera um pouco, senhora. (*olha para o rapaz*) O moço quer dizer alguma coisa?

Mulher: Ele não quer dizer nada, Excelência. Ele é um menino, só isso. (*para o Filho*) Vai.

Juiz jovem: Não. Ele quer dizer alguma coisa.

Juiz velho: Pode falar, moço. O que é? (*pausa*) Hein? (*pausa*)

Filho: O homem é bom.

Mulher: Cala a boca.

Juiz jovem: Deixa, senhora.

Juiz velho (*para o Filho*): É bom? Por quê? (*pausa*)

Filho: Ele nunca fez nada de mal.

Juiz jovem: O homem é esperto, moço. Parece bom, mas não é.

Juiz velho (*para o Filho*): Você acha que a lei se enganou, meu filho?

Mulher: Por favor, Excelências, o meu menino não sabe nada. Começou a estudar há pouco tempo.

Juiz velho (*insistindo*): Hein, moço? A lei se enganou? (*pausa*)

Filho: Eu disse que o homem é bom.

Juiz jovem: Você acha então que é bondade falar o que ele fala?

Noivo (*o mesmo sorriso*): O meu colega do meu emprego antigo morreu naquele dia, quando o homem falou.

Juiz velho (*para o Filho*): Então, meu filho.

Filho (*para o Noivo*): Morreu porque mataram. Não foi o homem quem matou.

Juiz velho (*para o Filho*): Morreu, meu filho, porque o homem enlouqueceu as gentes. Agitou.

Filho: Ele falou de Deus também.

Juiz jovem: Deus não é alguém que vive na boca desse homem. Deus está dentro do nosso coração. Não é preciso falar Dele a toda hora. (*pausa*)

Juiz velho (*para o Verdugo*): Então... o senhor está preparado?

Mulher: Claro que está, Excelência.

Juiz velho: Mas ele não responde.

Mulher (*para o Verdugo*): Fala, homem, eles não podem perder tempo. (*para os juízes*) Ele é um bom profissional. Nunca precisou de ajudante. A mão dele é firme, grande. (*procura mostrar a mão do Verdugo para os juízes. O Verdugo encolhe as mãos*)

Verdugo (*para a Mulher, seco*): Deixa pra lá.

Mulher: Mas o que é que tem mostrar a tua mão para as Excelências? (*insiste, pega nas mãos do Verdugo*) Estica, estica assim.

Verdugo (*impaciente*): Me larga, mulher.

Mulher (*irritada*): Mas o que é? O que é?

Juiz jovem (*para a Mulher*): Nós sabemos que ele é um bom profissional.

Juiz velho (*para o Verdugo*): Não se incomode. (*pausa longa*)

Silêncio constrangedor. Todos olham fixamente para o Verdugo, e de repente o juiz parece que vai falar, mas o Verdugo o interrompe.

Verdugo (*objetivo*): Eu não estou preparado.

Os juízes entreolham-se. Examinam atentamente o Verdugo.

Juiz jovem: Mas não é essa a sua profissão?

Juiz velho: Não é o seu dever? Cumprir a lei?

Filha (*em tensão*): O pai está cansado, é isso. Passou o dia inteiro lá, vendo o peso do homem, preparando tudo, os senhores sabem.

Juiz jovem (*para a Filha*): Mas é preciso saber se o seu pai está preparado para a execução.

Mulher (*para o Verdugo*): Fala!

Filho: O pai não quer.

Verdugo (*cabisbaixo*): Não é bem assim... não é... é que... eu não me sinto capaz.

Juiz velho: Mas isso é para nós um terrível contratempo. O senhor sabe que é o único na vila credenciado para esse serviço.

Verdugo: Eu sei. (*pausa*)

Mulher (*para o Verdugo*): Fala de uma vez o que é, homem. (*pausa*)

Verdugo (*para os juízes*): Eu acho que o homem não merece, os senhores entendem?

Juiz jovem: Não merece o quê? (*pausa*)

Verdugo: A morte. O homem não merece a morte.

Juiz velho: Mas isso já foi decidido. Ele foi condenado.

Juiz jovem (*para todos*): Os senhores viram que fizemos todo o possível.

Noivo: E o impossível, Excelências. Vimos muito bem.

Juiz jovem (*para todos*): Ele teve todos os direitos. Fizemos tudo.

Juiz velho (*para todos*): Nada lhe foi negado. Então... (*pausa*)

Verdugo: Mas ninguém ficou satisfeito. A gente toda da vila...

Juiz jovem (*interrompe*): Mas não é a vila que julga o homem. Pra isso nós existimos. Já dissemos, foi tudo dentro da lei.

Juiz velho (*para o Verdugo*): Procure entender... escute: o senhor terá... regalias.

Verdugo: Que regalias?

Juiz velho: Terá auxílio.

Verdugo: Dinheiro?

Juiz velho: Um auxílio.

Verdugo: Mas nunca foi preciso qualquer coisa além daquilo que eu ganho para fazer o meu serviço.

Juiz jovem: Mas... como é um caso difícil, nós entendemos que será justo ajudar o senhor.

Verdugo: Difícil?

Noivo (*sempre com o mesmo sorriso alvar*): A vida é difícil para todos, não? Eu, por exemplo...

Juiz jovem (*para o Verdugo*): Difícil, sim, porque as pessoas não querem entender.

Verdugo: Mas eu também não posso entender.

Filha (*em tensão*): Não faz assim, pai. (*pausa*)

Mulher (*levanta-se, objetiva*): Quanto é o auxílio, Excelências? (*pausa*)

Juiz jovem: É... de alguns milhões.

Mulher (*surpresa*): Alguns milhões?

Juiz velho: Doze... treze.

Filha: Meu Deus! (*sorrindo*) Meu Deus! (*pausa*)

Juiz velho (*para o casal de noivos*): Vocês pensam fazer uma casa aqui na vila?

Filha (*sorrindo*): Nem sei. (*olhando para o Noivo e para o Juiz jovem*) Nem sei.

Juiz jovem (*sorrindo para a Filha*): Eu tenho alguns terrenos muito bons. Junto à praça. (*olha para o Noivo também*) Se quiserem, podem falar comigo depois de amanhã. (*olha para a Filha. Sorri mais aberto*) Podemos combinar.

Noivo (*para a noiva*): Combina sim. (*para o juiz*) Ela vai, ela vai.

Filha (*para o juiz. Sorri*): Depois de amanhã. (*para a mãe. Contente*) Mãe, a gente vai ter tudo.

Filho (*seco*): Depende do pai. Ele ainda não respondeu.

Todos olham para o Verdugo. Pausa tensa.

Mulher (*para o Verdugo*): Você não vai fazer? (*pausa*) Hein? (*pausa*) Pois eu faço.

Verdugo (*encarando-a*): Faz o quê, mulher?

Mulher (*para o Verdugo, encarando-o*): Se você não fizer o que eles mandam, eu faço.

Filho (*enojado*): A mãe faz o serviço do pai? Vai matar o homem?

Mulher: Matar o homem... Que jeito de falar. Eu quero que as Excelências saibam que eu posso cumprir a lei.

Filho (*enojado*): Mãe, você está louca.

Mulher (*irada*): Eu posso fazer o serviço que o seu pai faz, mas que agora por estupidez não quer fazer. Ninguém vai desconfiar de nada. Eu sou do tamanho dele, (encosta-se ao Verdugo) olhem. E tem o capuz.

Todos estão surpresos.

Noivo: A senhora não vai saber... vai?

Verdugo (*ainda sem acreditar*): Eu é que sou o Verdugo, mulher.

Mulher: Qualquer um pode ser Verdugo.

Verdugo (*lentamente*): Fique quieta.

Mulher (*para os juízes*): Os senhores não me deixam fazer o serviço?

Os juízes abaixam as cabeças. Pausa longa.

Mulher (*para o Verdugo*): Claro, homem eles deixam.

Os juízes continuam calados.

Verdugo (*para os juízes*): Os senhores vão dar consentimento? A lei não permite. Os senhores sabem que a lei não permite.

Silêncio um pouco esticado.

Filho (*em tensão*): Isso está certo. O pai tem razão. Não é permitido.

Filha (*desesperada, para o irmão*): Você quer estragar a nossa vida? Sai daqui.

Juiz jovem: Deixa, ele pode ficar. (*aproxima-se do jovem*) Olha, moço, você vai entender. (*para o Verdugo*) O senhor também. Não temos muito tempo para explicar... mas... de uma certa forma também cumprimos ordens. Há gente mais importante do que nós. Devemos dar atenção a certa gente.

FILHO (*para os juízes*): Canalhas! Canalhas!

MULHER (*para o Filho*): Cala a boca, seu desgraçado.

JUIZ VELHO (*aproximando-se do Filho*): Meu filho, escute. (*põe a mão no ombro do rapaz*)

FILHO (*para o Juiz velho*): Sai, não me pega.

MULHER (*gritando*): Você responde assim pras Excelências?

JUIZ JOVEM: Escutem, não façam tanto barulho, afinal, não queremos complicações.

MULHER: É claro, Excelência, mas estou perdendo a cabeça com esse menino.

JUIZ VELHO: O moço não tem culpa. Pensa que o pai está certo.

FILHO (*emocionado*): Eu sei que o pai está certo de não querer matar o homem, porque o homem não fez nada. Nada!

JUIZ JOVEM: Moço, não vamos discutir isso com você.

VERDUGO: O meu filho sabe que...

JUIZ VELHO (*interrompendo*): Nem com o senhor. (*pausa*)

Os juízes entreolham-se, refletem, caminham etc.

JUIZ JOVEM (*para a Mulher, objetivo*): A senhora acha que pode fazer o serviço?

MULHER (*olha para o marido, para o filho, hesita um pouco, mas olha em seguida para a filha e resolve*): Posso, muito bem até.

VERDUGO (*muito emocionado*): Mulher, não fala assim. Você não vai fazer nada.

MULHER (*exaltada*): Não vou fazer? Eu não tenho medo de você. Eu é que sei... Entra ano, sai ano, é sempre esse desassossego de não saber o que vai ser de nós. (*olha para os juízes*) Deviam pagar melhor os verdugos, sem eles a vida não fica fácil nem para Vossas Excelências. Sem os verdugos não há segurança. (*para o marido, suplicante*) Homem, pensa no teu filho também...

FILHO: Não me mete nisso, mãe, eu penso como o pai.

MULHER: Ah, pensa? Não é você, seu desgraçado, que diz todo dia que não quer ser mandado por ninguém? Que quer correr o mundo e falar com as gentes? E você pensa que vai poder fazer o que quer se não estudar? E para estudar precisa dinheiro, desgraçado, dinheiro.

Filho: Eu não quero mais nada, mãe, eu não quero nada à custa da morte desse homem.

Filha: Mas esse homem já está morto, imbecil.

Juiz velho: Isso é verdade, moço. Pela lei, ele já está morto.

Noivo (*para o Filho*): Olha, meu chapa, a vida é assim mesmo. Todo mundo morre.

Filho (*para o Noivo*): Seu molenga fedido.

Filha (*para o irmão*): Eu te mato se você falar assim com ele.

Juiz jovem: Fiquem quietos, por favor. Se continuarmos assim, temos de ir embora e tentar descobrir outro verdugo noutro lugar.

Mulher: Arranjar outro? Dar o dinheiro pra outro? Não tem ninguém pela redondeza, Excelência. Os senhores teriam de viajar muito. E ninguém vai querer. E não há mais tempo.

Juiz velho: Pois é por isso é que estamos aqui. Mas o seu marido não quer o auxílio.

Batidas leves na porta.

Mulher: Bateram.

Filha: Não.

Mulher: Bateram sim. Eu ouvi.

Batidas fortes.

Noivo: A essa hora?

A Filha encaminha-se até a porta.

Juiz jovem: Espere, não abra. (*vai até a porta*) Quem é? Fala quem é.

Voz do carcereiro (*aflito*): Sou eu, sou eu, o carcereiro. Eu preciso falar com as Excelências.

Mulher (*receosa*): O carcereiro.

Juiz velho (*intrigado*): A essa hora.

Mulher: É melhor abrir.

Noivo: Esperem, pode não ser ele. Pode ser truque.

Juiz velho (*indo até a porta*): Tem alguém junto com você?

Voz do carcereiro (*aflito*): Não tem ninguém, abre, por favor. Abre.

O Juiz velho abre a porta. Entra o Carcereiro.

Carcereiro (*afobado*): Boa noite pra todos, Excelências, o pessoal está preparando alguma coisa. Tem uma coisa no ar.

Juiz velho: Que coisa, homem? Você está assustado.

Carcereiro: Eu não me assusto com pouca coisa, Excelência.

Noivo: Ele é um homem muito valente.

Filho: O que é que você sabe da valentia dele, seu bobo?

Filha (*para o irmão*): Cala essa boca.

Noivo: Ele deu na cara daquele que matou os menininhos.

Filho: O homem estava com as mãos amarradas. Bela valentia essa.

Juiz velho: Silêncio, por favor.

Juiz jovem (*para o Carcereiro*): Diz direito o que é que há, homem.

Carcereiro (*um pouco grotescamente*): Eu estou lá em minha mesa. O homem está quieto. Ele fica num canto da cela, de costas para mim. É o jeito dele, já me acostumei. De repente, ouço um grito lá fora: (*grita*) A vida! A vida!

Juiz velho: Não grite assim.

Carcereiro: Desculpe, Excelência.

Juiz jovem: E depois?

Carcereiro: Saio depressa. E só aquela escuridão. Nada. (*pausa*)

Juiz velho: Continuo achando que você está assustado.

Carcereiro: Eu sei o que digo, Excelência. É preciso apressar a morte do homem. Se demorar muito, acontece desgraça.

Juiz velho: Volta pra lá. Nós vamos dar um jeito.

Carcereiro: Eu tranquei tudo muito bem. Nem o demônio abre.

Juiz jovem: Mas volta pra lá. Tudo se arranja.

Carcereiro: Boa noite, para todos, então. (*para o Filho*) E você deixa de ser atrevido, hein...

Juiz velho: Vai, vai.

O Carcereiro sai. Pausa longa.

Juiz velho (*para o Verdugo*): O senhor já verificou tudo? A altura, o peso do homem?

O Verdugo olha para o filho e depois para o juiz. Confirma com a cabeça.

Juiz velho (*para o Verdugo*): Quer dizer que lá está tudo preparado? Lá na praça?

Verdugo: Sim... mas... o que os senhores vão fazer?

Mulher: Vão fazer o que é preciso.

Verdugo: Não. Os senhores não vão matar o homem agora. Isso não pode ser feito assim. Assim não.

Filha (*voz de choro*): Meu Deus, pai, pensa na nossa vida. Quem é esse homem para você? Um homem que dizia coisas que ninguém sabia direito o que eram...

Verdugo (*interrompe*): Assim não.

Juiz velho: Nós não vamos executar o homem agora.

Juiz jovem: Mas tem de ser amanhã.

Noivo: Amanhã. (*olha o relógio*) Amanhã já é hoje. É tarde.

Juiz jovem: Então hoje bem cedo.

Verdugo (*para os juízes*): Mas está marcado para depois de amanhã. Com a presença do povo.

Juiz velho (*para o Verdugo*): O povo estará presente hoje. Nós vamos tocar o sino da igreja. Mas é preciso que seja hoje. (*pausa. Brando*) Eu peço ao senhor... vamos... faça o que lhe cabe.

Filha (*aproximando-se do Verdugo*): Faz, pai. Senão eles dão o dinheiro para um outro.

Verdugo (*empurrando a filha. Para os juízes*): O homem não fez nada. Ainda tem esperança.

Mulher: Mas que esperança? Não tem nenhuma esperança.

Filho: O pai acha que tem.

Juiz jovem: Eu posso obrigar o senhor a fazer. Mas não quero obrigar.

Juiz velho: Nós somos a lei. Não somos a polícia.

Verdugo (*tentando convencer os juízes*): Excelências... é muito difícil para mim... eu não sei explicar... alguma coisa está me impedindo de fazer isso. O homem entrou no meu peito, os senhores entendem? Ele falava que era preciso... amor... ele falava...

Mulher (*com desprezo*): Amor! Amor! E o que tem isso?

Juiz velho: Em nome do amor acontecem baixezas.

Filho: Que baixezas?

Juiz jovem: As palavras do homem eram palavras de fogo.

Filha: Foi o que eu disse. Ele pôs fogo nas gentes. (*pausa*)

Juiz jovem: Amor... é comedimento.

Juiz velho: Mansidão.

Noivo: Amor não é falar daquele jeito.

Filha: Ele ficava rosado quando falava.

Mulher: Ele estava mas era cheio de ódio sempre.

Filho (*voz alta*): Ele precisava falar daquele jeito para os outros entenderem.

Filha: Pois eu não entendia o que ele falava.

Filho: Não mente. Você sabe muito bem o que ele falava.

Juiz velho: Amor... é respeitar o povo. Ele não respeitou vocês. Ele insultava vocês.

Verdugo: Insultava? Não sei disso.

Juiz jovem: Ele chamava vocês de coiotes.

Verdugo e Filho entreolham-se.

Noivo: O que é isso?

Filha: O que é um coiote?

Juiz jovem: Um animal. Um lobo.

Mulher (*para o Filho*): E você defende um homem assim?

Filho (*para a Mulher, exaltado*): Não é isso, mãe. Ele dizia que os coiotes não costumam viver eternamente amoitados. Que é preciso sair da moita.

Mulher: E o que é que nós temos com os coiotes?

Juiz velho (*para o Filho*): Sair da moita para caçar?

Filho (*exaltado*): Para que vejam ao menos as nossas caras de coiotes e respeitem a gente. E se nos respeitarem, nós poderemos um dia... (*lentamente*) achar o nosso corpo de pássaro e levantar voo. (*objetivo*) Mas primeiro mostrar a cara de coiote.

Mulher (*com desprezo*): Pássaro... coiote... o homem é louco.

Juiz jovem (*aproximando-se do Filho*): E como é a cara de um coiote?

Filho (*encarando fixamente o Juiz jovem com uma expressão de dureza e ameaça*): Uma cara... assim.

Batidas fortes na porta.

Voz do carcereiro (*aflitíssimo*): Excelências, abram.

Juiz jovem: O carcereiro outra vez.

Juiz velho (*para o Juiz jovem*): Abre.

O juiz abre rapidamente a porta.

CARCEREIRO (*entra afoito*): Não é possível esperar mais. Agora atiraram uma pedra na janela. Saio para pegar o desgraçado e nada. A escuridão outra vez. (*todos entreolham-se*) Mandem fazer o serviço depressa, Excelências, acreditem em mim, eu já estou ficando doente.

Pequeno silêncio.

MULHER (*para a filha*): Traz o capuz.

A Filha fica imóvel olhando para o pai.

VERDUGO (*para a Mulher, com enorme espanto*): O quê?

MULHER (*para a Filha, voz de comando com violência*): Traz o capuz.

A Filha entra correndo no quarto.

VERDUGO (*para a Mulher. Como se visse a Mulher pela primeira vez*): Você tem coragem! Você tem coragem de enganar o povo! O verdugo sou eu.

MULHER (*para o Verdugo*): Cala a boca. Eu sei o que faço.

VERDUGO (*irado, mas com a voz baixa*): A mulher me manda calar a boca! (*a Filha volta nesse instante com o capuz preto nas mãos, mas para, vendo a fisionomia terrível do pai*) Calar a boca! (*investe contra a mulher*) Sua porca! (*começa a esbofeteá-la*) Miserável!

O Filho tenta intervir, dizendo ao mesmo tempo "Pai, não, não", mas como o Verdugo não para, os juízes, o Carcereiro e o Noivo avançam e lutam para imobilizar pai e filho. Conseguem.

Filho: Larguem o pai, larguem o pai.

O Filho tenta desvencilhar-se mas o Carcereiro tira rapidamente uma corda fina do bolso e com um gesto simultâneo contorna o pescoço do rapaz e amarra-lhe as mãos. Depois puxa-o até a mesa, corta com uma faca uma porção de corda e começa a amarrar-lhe os pés, enquanto os juízes e o Noivo seguram violentamente o Verdugo.

Verdugo: Miseráveis, miseráveis!

O Carcereiro termina rapidamente de amarrar o rapaz e com o resto da corda amarra as mãos e os pés do Verdugo.

Filho: Canalhas, bando de porcos!

O Carcereiro empurra o Verdugo e o Filho, obrigando-os a sentar no chão. A Filha não sabe o que fazer, olha para todos, tenta aproximar-se do pai.

Verdugo: Filha.

A Filha para. Os outros estão surpresos por terem conseguido tanto.

Filho: O que vocês vão fazer conosco?

Juiz velho: Apenas deixá-los aqui para não atrapalharem o serviço.

Juiz jovem (*para a Mulher*): Foi preciso. Depois trancamos tudo.

Filha (*um pouco atemorizada*): Então troca de roupa, mãe. Põe uma calça do pai, troca os sapatos.

A Mulher entra no quarto.

Verdugo (*para a Filha*): Esse dinheiro vai queimar a tua carne.

Filha (*tom suplicante*): Pai, o homem já morreu. Não somos nós que vamos matá-lo. Ele já está morto. Só falta a terra em cima do cara.

Verdugo: Está vivo. Vivo igual a mim.

Filha (*suplicante, amorosa*): O senhor não vai aguentar muito tempo fazendo o serviço. (*aproxima-se do pai*) Não vai aguentar. O senhor é... bom demais... e os outros pisam em nós quando não se tem dinheiro. (*tom entre choroso e contente*) Nós vamos ter coisas, vamos ter coisas.

Verdugo (*enojado*): Que coisas?

Filha: Uma casa melhor, roupas.

Verdugo (*enojado, voz crescente*): Uma casa? Esta não é uma casa? O que eu tenho no corpo não é roupa? O que você veste não é roupa? O que você come não é comida?

FILHA (*com ódio*): Não. É lixo. É lixo.

NOIVO: A gente quer melhorar. A gente é jovem.

VERDUGO (*para o Noivo*): Maricão.

FILHA (*para o pai*): O senhor não precisa falar assim com ele. Ele é um homem igual a todos.

VERDUGO: Um rato.

FILHA (*com ódio*): Um rato que me serve.

O Noivo continua sorrindo.

JUIZ JOVEM: Parem. Já temos muitos problemas.

JUIZ VELHO: E não temos mais tempo.

A mulher do Verdugo volta do quarto. Veste calças compridas, sapatos masculinos e capuz preto.

JUIZ JOVEM (*para a Mulher*): Deixa ver. (*examina-a*)

JUIZ VELHO: Parece que está bem.

CARCEREIRO (*para a Mulher*): Esconda um pouco as mãos, dona. São menores que as dele.

NOIVO: A senhora ficou bem mesmo.

FILHO (*para o Noivo*): Fedido.

Noivo (*para o Filho*): Olha, (*aproximando-se*) se você continuar com essa fala...

Filho: Cão lazarento. (*o Noivo aproxima-se mais*) Porco.

O Noivo esbofeteia o rapaz.

Mulher (*para o Noivo*): Pare com isso.

Filho (*para o Noivo*): Só assim mesmo, canalha. Só eu amarrado.

Juiz jovem (*para o Carcereiro*): Olhe, preste atenção. Tire o homem de lá. Nós todos ficamos do lado de fora, vendo se há alguma novidade. (*põe a mão no bolso da toga e mostra um capuz branco*) Depois cobrimos a cabeça do homem com esse capuz. Em seguida vamos até a praça. Sem muito ruído, hein?

Mulher (*para o Juiz jovem*): O senhor é prático. (*olha para a Filha*) Pensou em tudo, não?

Verdugo (*emocionado*): Você vai matar o homem durante a noite?

Filho: Mãe, não vai. Eu nunca mais te olho na cara.

Mulher: Não é preciso que me olhem na cara. Quando muito o que vocês descobrem é se alguém tem olho de cavalo ou não. Eu tenho olho de gente. (*aproxima-se do Filho*) De gente.

(*pausa*) Vocês vão me agradecer depois. Me agradecer.

Juiz jovem: Vamos andando.

Carcereiro: Eles estão bem amarrados.

Juiz velho (*para o Carcereiro*): Tira a chave.

O Carcereiro tira a chave da porta.

Juiz jovem (*para o Noivo*): Apaga as luzes.

O Noivo apaga os lampiões e sorri para o Verdugo e o Filho. Batem a porta. Trancam. Semiobscuridade. Pausa. Soluços discretos do Verdugo. Passos afastando-se.

Filho: Pai, o senhor... não chora, pai.

Verdugo: É bom, é bom, deixa. (*pausa*)

Filho: O senhor não tem culpa. O senhor fez o que pôde. Quem sabe se está certo o que disseram: o homem já está morto.

Verdugo (*recompondo-se*): Nada disso, filho, nada disso. O homem está bem vivo. Essa lei dos homens não conta.

Filho: Essa é a única lei que conta. O senhor não viu? (*pausa*)

Verdugo: Ele apertou a minha mão. Ele apertou a minha mão de um jeito...

FILHO (*interrompendo*): Ele pegou na mão do senhor? Quando?

VERDUGO (*emocionado e como se falasse consigo mesmo*): Ele apertou a minha mão...

FILHO (*interrompe*): Falou?

VERDUGO: Sim.

FILHO (*curiosidade angustiada*): O quê, pai?

VERDUGO: Eu não entendi o que ele quis dizer.

FILHO: Mas o quê, pai? (*pausa*)

VERDUGO (*repetindo as palavras do homem*): Nós somos um só. Eu e você somos um só.

FILHO: Somos um só? (*pausa*) Ele quis dizer que o senhor é igual a ele?

VERDUGO: Mas eu sou um verdugo. Ele não. Não tem sentido.

FILHO (*repensando as palavras do homem*): Não sei... olha... ele vai morrer... e alguns morrerão por causa dele, um dia.

VERDUGO: Eu não compreendo, filho.

FILHO: É assim: ele morre nas mãos de um verdugo... que seria o senhor. Outros, mais tarde, morrerão pelas coisas que ele falou? (*repensando*) E se for assim, ele também será como um verdugo, o senhor compreende? Será que é isso que ele quis dizer?

Verdugo: Acho que não é isso. E depois os verdugos existem há tanto tempo e esse homem parece o primeiro sobre a terra. Eu nunca vi um homem assim.

Filho: A gente talvez não saiba, mas devem ter existido. Se existiram muitos verdugos... Também existiram muitas vítimas. (*repensando*) E eles podem ser iguais?

Verdugo: Quem, meu filho?

Filho: Os verdugos e as vítimas?

Verdugo: Não sei, meu Deus, eu sei que sinto como se estivessem preparando a minha morte. (*voz alta*) Nós precisamos sair daqui, a sua mãe...

Filho (*interrompe*): A minha mãe... não fala, não fala, eu morro de vergonha. Eu nem posso me mexer de vergonha. (*pausa*)

Verdugo (*lentamente*): Ela era paciente. Tudo mudou... na noite em que fui verdugo pela primeira vez. Quando voltei para casa e me deitei sem comer e sem dizer uma palavra, ela perguntou: "Você não vai aguentar?". E eu disse o que você acabou de dizer: "Não fala, não fala, eu nem posso me mexer de vergonha". (*voz alta*) Eu não devia ter dito isso, ela não entendeu, não era fraqueza... era...

FILHO: Eu sei.

VERDUGO (*voz comovida e alta*): ...mas alguém tem de ser verdugo, se não fosse eu seria um outro, eu achei que ser verdugo era ser humilde como eu sou, você compreende?

FILHO: Não fica assim, pai. Eu sei.

VERDUGO: Você não sabe. No fundo, você não entende o seu pai, não é?

FILHO: Não é isso... é que...

VERDUGO: Fala.

FILHO (*lentamente*): É que o senhor, o senhor é forte mas parece também tão delicado, delicado para ser o que o senhor é.

VERDUGO (*tom suave*): Delicado... (*tom angustiado*) Delicado, sim. (*pausa*) Tudo me entra no peito. Tudo, você entende? Eu olho as gentes, as pessoas, e eu sinto piedade. Eu tenho piedade das pessoas.

FILHO: Desse homem também?

VERDUGO: Esse homem é diferente. Não é piedade. (*pausa*) E quando eu era como você, filho, eu me levantava muito cedo e ficava um tempo olhando a rua.

Filho: Olhando o quê na rua?

Verdugo: Olhando. Algumas pessoas passavam, iam para o trabalho, e eu pensava, meu Deus...

Filho: O quê, pai?

Verdugo: Eu sentia uma pena das gentes... e de repente passava um cachorro... e de repente eu olhava, sabe, naquela casa, havia uma planta, uma primavera que tentava subir o muro... e eu sentia piedade...

Filho: Da planta?

Verdugo (*muito comovido*): No começo eu pensei que fosse só a emoção de estar vivo, você compreende? Eu pensava: (*tranquiliza-se um pouco*) "É, eu me comovo com a vida, com tudo o que está vivo, é isso". (*emociona-se novamente*) Mas depois essa coisa foi crescendo e até uma casa, uma parede meio gasta me comovia... e até...

Filho: Até o quê, pai? (*pausa*)

Verdugo: Um osso, meu filho. Um osso me comovia. (*lentamente. Em voz baixa*) Não só a vida. A morte, a cinza das coisas, o vazio me comovia.

Filho: Meu Deus, pai.

Rumores lá fora.

Verdugo: É como eu sou, você compreende? Eu tentei... (*rumores mais altos lá fora. Desesperado*) Nós precisamos sair daqui.

Filho: Olha, encosta a mão na minha boca. Talvez eu consiga desamarrar o senhor.

O Verdugo aproxima-se do Filho, arrastando-se. O Filho tenta, com os dentes, desfazer o nó da corda. Rumores lá fora, passos.

Verdugo: Você está ouvindo? Alguém já sabe. Dá um jeito nisso, meu filho. Eu vou lá, eu vou falar com o povo. (*rapidamente, entusiasmado*) Eu salvo o homem, e enquanto eu estiver lá você vai até o vale, prepara o barco perto do rio mas não fala com aqueles... eles agora são capazes de não entender mais. Me espera no barco, compreendeu? Eu vou até lá com o homem. Você está conseguindo? Vamos, meu filho. (*o Filho tenta desesperadamente*) Todo mundo vai me ajudar, eles nunca viram um homem assim, eles gostam do homem, eles gritavam "A vida! A vida!". (*pausa*) Você não está conseguindo? Filho, por favor. (*passos apressados lá fora, uma frase: "Mas é agora?"*) Eles não vão tocar o sino.

Não vão. Mas todo mundo vai acordar, tenho certeza. Quando eu voltava, hoje, eu vi a porta da igreja fechada... será que... que o padre não está lá? Será que... não, não é isso, deve ser uma outra coisa.

Filho: Pronto, pronto, eu consegui.

O Verdugo desamarra rapidamente os próprios pés e desamarra o Filho. Correm até a porta.

Verdugo: Eles trancaram, mas a gente arrebenta. (*arrebentam a porta com o próprio corpo*) Vai, faz como eu te disse.

Filho: Toma cuidado, pai.

Verdugo: Corre, corre.

Blackout *completo. Rumores que vão crescendo. Frases na rua: "O que foi?"– "Vem depressa" – "Não tem tempo".*

2º ATO

Cenário

Pequena praça. Patíbulo. Forca. Semiobscuridade. Sombras. Frases inaudíveis em tom crescente. Os juízes entram apressadamente. Sobem no patíbulo. Atrás dos juízes vêm a mulher-verdugo, a Filha e o Noivo. Atrás da Filha e do Noivo, segurando o homem, o Carcereiro. Seis cidadãos agitados, atrás do homem e do Carcereiro. O Carcereiro ajuda o homem a subir no patíbulo. A Mulher sobe também. A Filha e o Noivo ficam separados dos cidadãos, num canto próximo ao patíbulo. O homem está com o rosto coberto pelo capuz branco.

Cidadãos (*superpondo frases*):

>Mas o que é isso?
>
>Ainda é noite.
>
>Nem tocaram os sinos.
>
>Isso é proibido.
>
>Safadeza.
>
>É só depois de amanhã.
>
>Ainda tinha tempo.

Cht! Cht!

Mas é noite.

Juiz velho: Tenham calma.

Rumores continuam.

Juiz jovem: Calma, meus amigos. Nós vamos explicar.

Voz de um cidadão: Mas é noite ainda.

Cidadão 1 para o 4: Manda tocar o sino.

Cidadão 2 para o 4: E chama o padre. Ele dá um jeito nisso.

Cidadão 3 para o 4: Avisa a minha gente.

Cidadão 4 (*impaciente*): Ah, eu não saio daqui. Eu quero ver.

Frases se superpondo:

Mas assim ninguém fica sabendo.

Quem não tá aqui é porque não quer ver.

Com esse barulho todo mundo já sabe, mas ninguém quer vir.

Deu cagaço na turma.

Frase bem audível: E o padre?

Frase bem audível: Acho que hoje ele foi até o vale. No asilo.

Juiz jovem: Escutem, só um instante, só um instante.

Cidadão 5: Deixem a Excelência falar.

Juiz velho: Silêncio, por favor.

Vão silenciando aos poucos.

Juiz jovem: Senhores... a lei precisa ser cumprida.

Frases dos cidadãos: "Mas o homem não fez nada" – "Ele só falava" – "Você entendia?" – "Era só depois de amanhã".

Juiz velho: Esperem um pouco. Nós vamos explicar. (*rumores. Silenciam*) O verdugo não pode mais esperar até amanhã. Tem outros serviços longe daqui. E tão importantes quanto este.

Frases dos cidadãos: "O outro que espere" – "A morte vem quando tem de vir".

Juiz jovem: Mas a lei precisa ser cumprida.

Cidadão 1: Mas o que o homem fez?

Cidadão 5: Falem o que ele fez.

Cidadão 6: É, ninguém explica.

Juiz velho: Ele já foi julgado.

Cidadão 5: Mas ninguém entendeu o que as Excelências disseram. Foi uma fala enrolada.

Frases: "Nós queremos saber direito" – "Claro". Rumores.

Juiz jovem: O homem enganou vocês. Colocou vocês contra a lei. Agitou.

Cidadão 5: É bom a gente se agitar um pouco. Desempena.

Risos.

Juiz velho: Silêncio, por favor.

Juiz jovem: Vocês não viviam em paz?

Frases: "Paz é no enterro" – "Mas não durante, só com a terra por cima".

Cidadão 5 (*para o juiz*): Que paz?

Uma frase: "Na minha barriga é que tem muita paz". Risos.

Cidadão 1: O homem é bom.

Cidadão 2: Queria ajudar.

Juiz velho: E ele ajudou?

Juiz jovem: Deu comida? Deu roupa pra vocês?

Cidadão 3: Ele é pobre como a gente.

Cidadão 6: Ele disse que é preciso mostrar a cara de bicho.

Juiz velho: E vocês são bichos, por acaso?

Cidadão 5: Era figuração.

Cidadão 1 para o 5 (*empurra-o para o patíbulo*): Vai, fala você, sabe explicar.

O número 5 sobe no patíbulo. Entra o Verdugo, correndo.

Verdugo (*gritando*): Parem! Parem!

A família e os juízes entreolham-se.

Cidadão 5: O verdugo.

Olham todos para o Verdugo e para a mulher-verdugo.

Cidadão 1 (*apontando a mulher-verdugo*): Mas o verdugo está aí.

Cidadão 3 (*apontando o Verdugo*): Mas esse é que é o verdugo.

Verdugo (*para os cidadãos, apontando os juízes*): Eles enganaram vocês. É a minha mulher que está aí.

Silêncio.

Cidadão 6 (*para a Mulher*): Tira o capuz! Tira o capuz!

A Mulher tira o capuz.

Cidadãos: A mulher! É mesmo a mulher! Sai daí de cima! Sai!

Os juízes fazem com que a Mulher fique. Rumores.

Juiz jovem: Esperem, nós podemos explicar.

O Verdugo fica no meio dos cidadãos, tentando convencer uns e outros.

Cidadão 5: Mulher não pode ser verdugo.

Frase solta: "A minha bem que podia". Algum riso. Rumores.

Juiz velho: Esperem, nós queremos ser honestos com vocês. (*risos mais audíveis*) Escutem, se nós não cumprirmos a lei agora, amanhã vocês é que serão mortos.

Frases: "Nós?" – "Mortos?" – "Por quê?"

Verdugo (*exaltado*): É mentira, é mentira.

Cidadão 5 (*para os juízes*): Por que a mulher está aí?

Frases dos cidadãos: "É isso mesmo" – "Isso não pode" – "Por quê, hein?".

Juiz jovem (*apontando o Verdugo*): Esse homem não pode mais ser verdugo. Não tem mais coragem.

Verdugo (*exaltado*): Mentira.

Juiz velho: É verdade. Ele não tem mais coragem.

Cidadão 5: Ninguém vai matar ninguém aqui. (*frases dos cidadãos: "Soltem o homem". Aproximam-se mais do patíbulo. Para os juízes*) Soltem o homem!

Juiz jovem (*dando alguns passos à frente*): Vocês serão todos mortos. Mortos. (*os cidadãos estaqueiam. Para o outro juiz*) Mostra o papel.

Alguns cidadãos recuam.

Cidadão 5: Que papel?

Juiz jovem (*para o velho*): Mostra.

Juiz velho (*tirando um papel do bolso da toga*): Nós vamos ler o que só teria de ser lido em caso de extrema necessidade. (*desdobra o papel*) Senhores, este é um documento dirigido a nós, os juízes. (*começa a ler*) As autoridades esperam que o lúcido critério de Vossas Excelências torne possível a execução do homem, dentro de um prazo mínimo. Como é nosso dever proteger o povo, zelar por suas vidas...

Cidadão 5: Olha aí, eles não querem a nossa morte.

Juiz jovem: Esperem, vamos continuar.

Juiz velho: Como é nosso dever proteger o povo, zelar por suas vidas, estender-lhe a mão...

Cidadão 1 (*interrompe, apontando o próprio traseiro*): Nessa direção?

Risos prolongados.

Juiz velho: Silêncio... (*continua a ler*) lutar contra toda espécie de ameaças, sejam elas sutis ou definidas...

Cidadão 1 (*interrompe*): Já começou a fala enrolada, o que quer dizer... como é? Como é?

Cidadão 5: Sutil.

Cidadão 3: O que é isso?

Juiz velho: Ameaça é perigo.

Cidadão 4: E sutil?

Juiz jovem: Um perigo que é difícil explicar de onde vem.

Juiz velho (*aponta o homem*): Esse homem é um perigo sutil.

Cidadão 4: Porque ninguém sabe de onde ele vem?

Cidadão 5: Ele vem de algum lugar e isso basta. De longe.

Cidadão 2: Longe é lugar nenhum.

Juiz velho (*impaciente*): Mas não é isso! Não é isso!

CIDADÃO 5: Deixa pra lá, Excelência, continua.

JUIZ VELHO (*continua a ler*): ...aguardamos o cumprimento da nossa vontade o mais breve possível. Não queremos ódios, nem inquietações, queremos apenas, ajudados pela mão de Deus, transformar a confusão dos homens em amor, em justiça. Se não derem cumprimento à nossa vontade, a vila terá merecido castigo. (*levanta a cabeça*) E o merecido castigo é a morte.

CIDADÃO 5: Isso não está escrito aí.

JUIZ VELHO: Mas eu sei o que digo.

CIDADÃO 1: Aí fala em amor.

CIDADÃO 2: O homem também falava em amor.

CIDADÃO 4: Todo mundo fala em amor, mas ninguém resolve o problema da gente.

CIDADÃO 5: Não chora de barriga cheia. E a Lucinda?

Risos.

VERDUGO: Por favor, me escutem, não deixem matar o homem.

FILHA (*grita*): Chega, pai, chega.

CIDADÃO 1: É a filha.

Rumores.

Filha (*subindo no patíbulo*): Olhem, o meu pai está doente.

Cidadão 5: Mentira. Ele tá muito bem.

Filha: Quem disse mentiras foi o homem.

Cidadão 5: Por quê?

Cidadão 1: Ele falou em amor como nesse papel.

Cidadão 2: Então as autoridades também mentem?

Filha (*aflita*): Mas amor é... (*não sabe o que dizer mas lembra-se da fala do juiz. Olha para o Juiz jovem*) ...comedimento.

Cidadão 6: E o que é isso?

Juiz jovem (*adiantando-se*): É não fazer coisas violentas.

Cidadão 5: E matar o homem não é uma coisa violenta?

Filha: Mas o amor... tem dois jeitos de ser.

Cidadão 3: Qual é o teu jeito, hein?

Risos.

Filha (*com raiva*): A gente deve matar aqueles que nos confundem.

Cidadão 2: Todo mundo é confuso.

Filha: Vocês entendiam o que ele falava?

Cidadão 5: Entendia, sim. Ele falava da alma.

Filha: Mas o corpo é que interessa.

Verdugo: O que ele falava... era verdade. Ainda que fosse para daqui a muito tempo.

Filha (*para os cidadãos*): E a barriga de vocês aguenta muito tempo? (*rumores. Olha para os juízes e, de repente, enquanto os rumores continuam, ela parece descobrir a fórmula para vencer os cidadãos*) Olhem, (*refere-se ao homem*) ele queria é que a gente não prestasse atenção no problema de agora. Falando pra daqui a muito tempo, a gente pensa nesse tempo que importa.

Silêncio. Um certo rumor.

Cidadão 1: Como é? Como é que você disse?

Frases: "Você entendeu?" – "Deve ser assim". Cochicham. Os juízes se entreolham. A mulher do Verdugo está rígida, de olhar altivo durante quase todo o tempo.

Cidadão 2: O homem era contra nós, então?

Cidadão 4: Falava do jeito que falava pra gente não pensar na barriga de hoje?

Filha: Assim mesmo.

CIDADÃO 5 (*para a Filha*): Explica isso direito.

FILHA: É muito fácil de entender.

VERDUGO: Não é nada como ela disse... é...

CIDADÃO 5 (*interrompe*): Espera um pouco, você. (*para a Filha*) Anda. Fala.

FILHA (*aponta para os cidadãos*): Se a gente está morrendo, cheio de dor mesmo, e vem o padre... isso (*para o 5*) te alivia?

CIDADÃO 5 (*sem entender*): O quê?

FILHA: O padre te alivia a dor?

Rumores.

CIDADÃO 5: Não... o padre não alivia a dor.

Rumores.

FILHA: E você não deixa de morrer porque o padre veio, deixa?

CIDADÃO 1: Se chegou a hora da gente, não.

Rumores.

FILHA: Mas enquanto o padre está por perto você pensa que está aliviado, não é?

CIDADÃO 5: E daí?

FILHA (*apontando o homem. Voz muito alta*): Esse homem é como um padre na hora da morte. Só isso. Mais nada.

Silêncio completo.

Cidadão 5 (*irritado*): Mas que mulher enrolada, poxa. Parece até uma bobina. Eu já nem sei o começo da conversa. (*os outros cidadãos concordam*) Escutem, vamos fazer uma coisa.

Todos os cidadãos: Fala, fala.

Cidadão 5: O que é que vocês acham do homem? (*rumores. Aponta o número 1*) Você aí. O que é que você acha?

Cidadão 1: Bem... eu acho que mais ou menos o homem falava coisa certa.

Cidadão 5: O quê, por exemplo?

Cidadão 1: Ele falava que é preciso conhecer o que mais nos oprime.

Cidadão 2 (*aponta os juízes*): E a gente não conhece?

Cidadão 6: Mas será que é isso?

Cidadão 3: Se era isso, não adianta. Eles não estão sozinhos. A coisa vem de cima.

Cidadão 4: E a gente não pode chegar até lá.

Cidadão 3: Então o que ele falou não adianta.

Cidadão 2: Mas para mim ele me deu alegria.

Cidadão 3: Também não precisa muita coisa pra te alegrar.

Risos.

Cidadão 5: Deixa ele falar.

Cidadão 2: Me deu esperança. Esperança é alegria.

Cidadão 5: Esperança de quê? Explica.

Cidadão 2: De que um dia os homens vão ser bons.

Rumores de descrédito: "Um dia, um dia!".

Filha: Não adianta vocês fazerem isso, ele já foi julgado.

Os juízes dão sinais evidentes de impaciência.

Cidadão 5: Mas está sendo julgado de novo, dona. Fica quieta.

Cidadão 4: Pra mim ele me deu vontade de matar.

Rumores mais audíveis.

Filha: E quem dá vontade de matar é bom?

Cidadão 1: Eu só tive vontade de matar quando olhei na cara daquele que matou os menininhos.

Cidadão 2: Isso é outra coisa.

Cidadão 3: A vontade de matar é a mesma. Matar é uma coisa só.

Cidadão 5 (*para o 4*): Mas por que ele te deu vontade de matar?

Cidadão 4: Porque eu entendi muito bem o que ele falava. Mostrar a cara de bicho não é tudo, porque o bicho também tem garra.

Verdugo: Mas o homem não falou da garra...

Cidadão 5 (*para o Verdugo*): Ninguém te perguntou nada ainda.

Cidadão 3 (*para o Verdugo*): E se você é bicho e tem cara e tudo de bicho, você só mostra a cara?

Juiz velho: Me escutem um pouco, por favor, me escutem. Tudo isso não vale nada. Julgar um homem não é simples assim. Vocês querem saber? Com pouca palavra? É isto: tudo é como uma roda girando há muito tempo. Às vezes estamos no alto, outras vezes não.

Cidadão 5: Isso é bem simples. Mas vocês é que estão no alto há muito tempo.

Juiz jovem: E outros estão mais altos do que nós.

Juiz velho: Se vocês não matam o homem agora, os outros de cima vão matá-lo de qualquer jeito.

Cidadão 5: Nós podemos deixar o homem fugir.

Verdugo: Isso não tem sentido.

Cidadão 3: Não adianta... Ele foge... e nós ficamos?

Juiz jovem: Vocês no lugar dele.

Silêncio prolongado.

Verdugo (*com determinação*): Eu fico no lugar dele. Eu não me importo.

Cidadão 5: O teu negócio é matar, não é morrer.

Verdugo: Escutem, meu filho está no vale perto do rio. Eu levo o homem até lá. O homem foge, eu volto. E fica tudo em cima de mim.

Filha: O senhor não pode fazer isso, pai, pensa em nós.

Cidadão 6: Ele não volta, ele vai se safar.

Verdugo: Eu volto. Por Deus. Eu volto.

Mulher (*seca*): Pensa em mim, homem.

Verdugo (*para a Mulher*): Você está pensando no dinheiro. Não em mim. (*pausa*)

Cidadão 5: Dinheiro.

Frases se superpondo: "Qual dinheiro?" – "Ah, tem dinheiro no negócio" – "Eu sabia, tava tudo muito complicado" – "Assim não".

Filha: O meu pai está doente, não sabe o que diz.

Cidadão 5: Ele sabe muito bem o que diz. (*para o Verdugo*) Qual dinheiro? (*pausa*) Que dinheiro é esse?

Verdugo (*olhando para a Filha*): As Excelências me ofereceram dinheiro se eu matasse o homem.

Todos olham para os juízes.

Mulher (*seca, voz alta*): Não foi assim.

Cidadão 3 (*referindo-se à Mulher*): Por isso ela resolveu fazer o serviço.

Rumores.

Juiz jovem: Silêncio, por favor. (*pausa*) Oferecemos sim. Oferecemos dinheiro para salvar vocês.

Cidadão 3: E dar dinheiro para o verdugo nos salva?

Cidadão 5: Salva ele.

Cidadão 3: Mas quanto é esse dinheiro?

Filha (*desesperada*): Pai, olha o que você fez.

Cidadão 3: Deve ser muito para ela ficar assim.

Cidadão 5 (*para o Verdugo*): Quanto é que é, vamos.

Filha: Vocês vão querer o dinheiro? Isso não.

Cidadão 6: E se o teu pai não quer, o que é que tem?

Cidadão 3 (*para a Filha*): É muito dinheiro? Desembucha logo.

Mulher (*olhando o Verdugo que está desesperado*): Doze... treze milhões.

O Verdugo tem as mãos no rosto e olha para todos, sofridamente. Rumores de espanto, silêncio, uma frase solta: "Mas isso não é direito, nem o verdugo quis esse dinheiro".

Cidadão 5: E vocês sabem se eles (*aponta os juízes*) vão dar o dinheiro pra nós?

Silêncio. Expectativa tensa.

Juiz jovem: Damos o que for preciso.

Juiz velho: Talvez um pouco mais... se é para tantos.

Cidadãos entreolham-se. Silenciam.

Cidadão 3: A gente faz um negócio onde entram todos.

Rumores. Cochicham com o número 5.

Cidadão 5 (*para os juízes*): A gente recebe o dinheiro logo?

Juiz jovem: Assim que o homem morrer.

Verdugo (*desesperado, subindo no patíbulo*): O homem é bom, gente. Olhem bem pra ele.

Cidadão 1: A gente não vê mais a cara.

Risos.

Cidadão 3: Eu não me lembro mais da cara dele.

O Verdugo aproxima-se do homem e tenta tirar-lhe o capuz. É imediatamente contido pelo Carcereiro.

Carcereiro: Não é permitido tirar esse capuz. O senhor não pode fazer isso.

Verdugo (*para os cidadãos. Voz muito alta*): Mas vocês não queriam matar o homem! Um de vocês gritou! "A vida! A vida!" O carcereiro ouviu. (*para o Carcereiro*) Conta. (*para os cidadãos*) Foi um de vocês!

Carcereiro: Eu não estou bem certo, não. Acho que era voz de mulher.

Cidadão 3: Foi coisa de mulher, sim.

Verdugo: Mas vocês disseram que o homem era bom.

Cidadão 1: O homem parecia bom, mas a tua filha disse que ele falava do jeito que falava pra gente não pensar na fome de hoje. E isso é bondade?

Verdugo: Mas é tudo mentira. Ela falou assim por causa do dinheiro.

Cidadão 3: Mas que raiva você tem de dinheiro, hein, velho.

Juiz jovem: O homem esteve sempre contra vocês. Qualquer um que põe o povo contra as autoridades está contra vocês.

Verdugo (*para os cidadãos*): Mas pensem, pensem... se ofereceram dinheiro...

Juiz jovem: Ofereceram dinheiro para que vocês se animem a nos ajudar.

Juiz velho: Com dinheiro é mais fácil um ajudar ao outro.

Cidadão 3: Sempre se oferece dinheiro pela cabeça de um louco.

Verdugo: Mas esse homem não é louco. Ele quis ajudar.

Juiz jovem: Com palavras?

Juiz velho: A palavra é de pedra. Não ajuda ninguém.

Verdugo: Mas gente! Ofereceram dinheiro foi pra mim, não pra vocês. Eles não queriam ajudar nada.

Cidadão 6: E você não quis por quê? A tua barriga tá mais cheia do que a nossa?

Verdugo: Porque não era justo. Não era justo. (*tom suplicante*) Vocês não queriam.

Cidadão 1: É que era difícil de entender, homem. Todo mundo fala de um jeito difícil, a gente se atrapalha. (*aproxima-se um pouco do patíbulo*)

Verdugo: Ninguém toca no homem. Ninguém toca. (*aponta o nº 2*) Você que disse que o homem te deu esperança, chama o padre.

Cidadão 5: O padre deve ter ido até o vale. Foi no asilo daqueles. E quando ele vai pra lá ele fica a noite inteira.

O Verdugo olha desesperadamente ao redor, como se procurasse alguém.

Mulher (*para o Verdugo*): Homem, agora é demais. Deixa eles fazerem o que é preciso. Você tem a mim e a seus filhos. Deixa o homem morrer a morte dele.

Cidadão 2 (*para o Verdugo*): Ah, vá lá, faz logo o teu dever.

Mulher (*para o Verdugo*): Faz o teu dever.

O Verdugo protege o corpo do homem com o seu próprio corpo. O Carcereiro tenta empurrá-lo, mas é violentamente empurrado pelo Verdugo.

Cidadão 3: Mas afinal esse homem é teu parente ou o que é? Você prefere ele a nós. (*rumores*)

Olha, nós vamos fazer uma comunidade onde todo mundo vai entrar e melhorar de vida. Com esse dinheiro que ofereceram, todos vão trabalhar e encher a barriga. Você também não tem filhos? A moça (*aponta a Filha*) não vai casar com aquele ali? (*aponta o Noivo*)

Noivo: E eu estou sem emprego. Ajudava muito.

Verdugo (*voltando para o homem, emocionado*): Fala, homem de Deus, explica pra todos quem você é.

Juiz velho: Ele não tem mais o direito de falar.

Juiz jovem: Pela lei, ele já está morto.

Cidadão 3: E de qualquer jeito, ninguém vai entender o que ele fala. (*para o Verdugo*) Anda logo com isso.

Expectativa. Silêncio.

Homem (*lentamente*): Eu não soube dizer. Eu não soube dizer como devia. Eu não me fiz entender. Eu não me fiz entender. (*para o Verdugo*) Faz o teu serviço.

Silêncio completo.

Verdugo (*para o homem*): Eu não posso. Eu não posso.

Cidadão 5: Então sai daí.

Entra correndo o filho do Verdugo.

Cidadão 1: Olha o filho dele.

O Filho para, olha em torno, olha para o pai.

Cidadão 6: Esse é o filho?

Verdugo (*para o Filho*): Volta! Volta!

O Filho tenta aproximar-se do pai.

Cidadão 5: Não deixem o moço chegar perto, ele vai atrapalhar.

O Carcereiro segura o Filho.

Filho (*desesperado*): Pai, o que foi? O que foi?

Cidadão 3: Fica quieto, moço. O seu pai já tem muita encrenca, fica quieto.

O Filho tenta chegar perto do pai mais uma vez.

Cidadão 5 (*para o Carcereiro*): Segura forte, ele vai dar trabalho.

Cidadão 6 (*para o Verdugo*): Faz logo o serviço, anda.

Cidadãos (*todos juntos*): Vai, vai, vai.

Verdugo (*ajoelhando-se*): Pelo amor de Deus, não matem o homem. Olhem, eu posso explicar... ele apertou a minha mão... quando...

Cidadão 5: Ah, sai daí, essa não.

Risos.

Verdugo (*completamente emocionado e frágil*): Ele tem os olhos de um cavalo que um dia... um cavalo...

Cidadão 2: Chi... o homem tá ruim da bola.

O filho do Verdugo abaixa a cabeça, parece chorar.

Cidadão 3: Ele gamou pelos olhos do outro.

Risos.

Filha: Vem, pai, sai daí, vem.

Cidadão 5: Não. Ele vai fazer o serviço.

Mulher: Ele vai é pra casa, vem. (*tenta puxar o marido*)

Cidadão 5 (*empurrando a Mulher*): Não, agora ele vai ficar e fazer o serviço.

Verdugo (*recompondo-se*): Eu não faço. Eu morro mas não faço.

Cidadão 6: Tira ele de lá.

Cidadão 2: O homem ficou louco.

Filho (*desesperado, voz baixa*): Pai, meu pai.

A Mulher tenta novamente aproximar-se, mas é empurrada. A Filha tenta também aproximar-se. O Noivo está quieto no mesmo canto.

Cidadão 5 (*para a Filha*): Vai saindo. Vai saindo, moça.

Filha (*voz alta, exaltada*): Eu disse, ele está doente, não façam nada com ele. (*olha para os juízes*)

Os cidadãos aproximam-se perigosamente do patíbulo. Os juízes descem. Nesse instante entram na praça os dois homens-coiotes. Estão vestidos da seguinte maneira: calça e camisa comuns, cabeça e rosto de lobos, mãos para trás. Ficam de frente para o público, examinam o público fixamente e depois voltam as cabeças em direção ao patíbulo. Tem-se a impressão de que não foram vistos por nenhum dos cidadãos, nem pelos juízes etc. Apenas o filho do Verdugo dá a impressão não só de que os conhece, mas de que os esperava.

Verdugo (*protegendo o homem com seu próprio corpo. Com determinação*): Ninguém chega perto.

Cidadão 5: O homem tem de morrer. Vamos, vai andando. (*entra em luta com o Verdugo*)

Os cidadãos atacam em conjunto, o Filho tenta escapar das mãos do Carcereiro, mas não consegue. Frases: "Mata logo o homem" – "Mata do nosso jeito".

Voz do verdugo (*com intensa comoção*): Não. Não. Eu morro mas...

Frase: "Então morre". Começam a dar pauladas no homem e no Verdugo. Cena de intensa violência. Frases soltas: "Dá uma no olho de cavalo" – "Toma você também, seu porco". Terminam a chacina. Recuam vagarosamente. Silêncio esticado. Descem do patíbulo. Vê-se o homem e o Verdugo lado a lado, mortos.

Juiz velho (*quebrando o silêncio*): Nós não queríamos que fosse assim.

Mulher, Filha e Noivo se unem amedrontados, num canto. O Carcereiro solta o Filho e este sobe no patíbulo e olha para o Verdugo, estarrecido.

Cidadão 5: É... mas foi assim. (*vai saindo*)

Cidadão 3: Agora já acabou. (*vai saindo*)

Cidadão 5 (*para, olha para os juízes que também vão saindo*): Daqui a algumas horas nós passamos por lá.

Juiz velho: Está bem.

Juiz jovem (*para o Juiz velho*): Eu não aguento mais esta roupa.

Juiz velho: É sempre muito difícil de aguentar. (*saem*)

Cidadão 1 (*passando pelos homens-coiotes, para o Cidadão 2*): Esses quem são?

Cidadão 2: Parece que é a gente que mora no vale.

Cidadão 1: Eles têm uma cara diferente da nossa... (*param um instante, mas não chegam perto*) ...um olho...

Cidadão 2: Um olho que atravessa. E dizem que são esquisitos. Dizem que quando eles falam, a boca se enche de sal.

Cidadão 1: São estórias. (*saem*)

A Mulher, a Filha e o Noivo começam a arrastar o corpo do Verdugo para fora de cena. Param um instante e olham o filho do Verdugo. Este último fica imóvel, olhando para os homens-coiotes. Em seguida, olha pela última vez o corpo do pai, anda em direção aos homens, encara-os.

Filho (*para os homens-coiotes, objetivo*): Vamos.

Os homens-coiotes atravessam a pequena praça junto com o filho do Verdugo. Quando estão saindo, um foco de luz violenta incide sobre as mãos dos homens-coiotes. As mãos estão cruzadas na altura dos rins, e deve ser visto claramente que são patas de lobo com grandes garras.

FIM

A MORTE DO PATRIARCA
(1969)

Personagens

O Papa: 60 anos.

O Cardeal: 45 anos.

O Monsenhor: 25 anos.

O Demônio: Aspecto muito agradável.

Anjo 1

Anjo 2

Três jovens

Cenário

Sala com estantes vazias. Piso de mármore branco e preto igual a um tabuleiro de xadrez. Estátua de Jesus Cristo de dois metros de altura. De costas para o público. Mesa de xadrez com duas cadeiras negras, altas. No lado direito e esquerdo ao fundo do palco uma "janela-porta" fechada e dando para uma sacada. Porta à direita. Porta à esquerda. No lado direito do palco, e bem à frente, um grande pássaro, ou melhor, o esqueleto de um grande pássaro feito de armações que deem a impressão de que o pássaro é construído em ferro. Sobre a cabeça do pássaro uma coroa de aspecto burlesco. O rabo do pássaro é feito de plumas ou penas de metal dourado. O pássaro deve ter aspecto agressivo (garras enormes, bico acentuado). Ao lado do pássaro, caídas no piso, duas asas (sem penas, só armação). O palco deve estar escuro. Apenas uma luz sinistra sobre o pássaro. Quando começar a peça, a sala, onde estão o Papa, o Cardeal e o Monsenhor, está em semiobscuridade. O Papa e o Cardeal estão sentados nas cadeiras negras, jogando xadrez. O Monsenhor está tentando, com muito esforço, colocar as asas no pássaro, coisa aliás que não conseguirá. Nas estantes de altura superior às demais estão, do lado direito, os dois Anjos, isto é, dois jovens vestindo calça e camisa azul-clarinha e asas diminutas, e, do lado esquerdo, o Demônio, vestindo calça e pulôver pretos. O Demônio possui um rabo discreto e elegante. As roupas de todos devem ter aspecto de uso constante. Luz na cena de cima.

Nota: As estátuas, ou melhor, os bustos de Mao, Marx, Lênin e Ulisses devem estar sobre suportes com rodinhas. Todas as estátuas têm uma coloração esverdeada. Excluindo a de Jesus, que é branca.

Anjo 1 (*fechando um livro com ruído. Para o Demônio*): O senhor acha que está na hora de intervir?

Demônio: Perfeitamente.

Anjo 2: Por quê?

Demônio: Cansaram-se.

Anjo 1: De quê?

Demônio: De tudo. (*pausa*)

Anjo 2 (*consultando um livro*): Os que podiam falar já falaram?

Demônio: Há muito tempo. E falaram tudo que sabiam.

Anjo 1: Não há mais nada?

Demônio: Nada. (*pausa*)

Anjo 2 (*consultando um livro*): Acabaram-se as guerras?

Demônio: Há um enorme silêncio.

Anjo 1: Comem?

Demônio: Empanturram-se.

Anjo 2: E as criancinhas?

Demônio: Gordas.

Anjo 1: E os políticos?

Demônio: De mãos abanando.

Anjo 2: Fez-se aquele Estado ideal?

Demônio: Todos unidos. Uma só língua. Aliás, quero dizer, um só pensamento.

Anjo 1: Não se exprimem mais por palavras?

Demônio: Não mais. (*na cena de baixo, o Papa faz um gesto de desânimo de um bom lance do Cardeal. Não é um lance definitivo, mas o Cardeal comeu-lhe uma boa pedra. O Demônio vê o lance. Para os anjos*) Olhem, aí há um problema.

Anjo 2: Então não está na hora do senhor intervir. Se há um problema, o senhor sabe como é... de um pequeno problema nasce outro e depois mais um e a roda continua a girar.

Demônio (*com determinação*): É preciso intervir para apressar a solução. (*os dois anjos entreolham-se, e o Demônio começa a alisar discretamente o rabo*)

Anjo 1 (*para o Demônio*): O senhor não está com boa cara. Lembre-se de que nesta hora nós precisamos estar unidos... e o senhor nos prometeu...

O Papa faz novo gesto de desalento com ruído, o que interrompe a fala de cima.

ANJO 1 (*olhando para baixo e referindo-se ao Papa*): É o nosso homem, não é?

ANJO 2: Em apuros. E mais dois.

ANJO 1 (*voz um pouco baixa. Para o Anjo 2*): Como foi que eles se aguentaram tanto tempo? (*o Demônio dá risadas discretas. Apreensivo*) Ele ouviu?

DEMÔNIO: Às vezes os senhores fazem cada pergunta... Não acreditam no milagre?

OS DOIS ANJOS (*constrangidos*): Sim, sim, evidente. (*pausa*)

ANJO 1 (*para o Demônio*): É por milagre então... que eles ainda estão lá? Não há outra explicação?

DEMÔNIO: Não.

Neste momento entram na cena de baixo três jovens vestidos apenas com pequenas sungas e carregando as estátuas de Mao, Marx e Lênin. O público deve ver rapidamente as placas onde estão escritos os nomes dos três. As placas estão fixadas nas estátuas e os nomes estão escritos com tinta fosforescente. Colocam as três estátuas do mesmo lado de Jesus, mas de costas para Jesus e para o pú-

blico. O Papa, o Cardeal e o Monsenhor estão tão absortos nas suas respectivas tarefas, e os jovens entram tão silenciosamente que não são percebidos durante essa manobra.

ANJO 1 (*para o Demônio*): E aqueles outros tão interessantes... Não se fala mais deles?

ANJO 2 (*olhando para baixo*): Os interessantes estão entrando na sala.

DEMÔNIO (*olhando para baixo*): Carregados. (*sorri*) Mudos. E não se fala mais deles. (*pausa*)

ANJO 2 (*examinando um livro enorme. Para o Demônio*): Tudo começou com a propriedade, o senhor não se lembra?

DEMÔNIO: Não, não, não foi assim. Tudo começou com um ataque ao sistema de concorrência.

ANJO 2: Não comece a discursar, por favor, porque o pessoal corta esse pedaço. E, na verdade, o que a gente se lembra mesmo é só aquela estória da propriedade.

ANJO 1 (*consultando um livro*): Um disse: "Proletários de todo o mundo, uni-vos".

ANJO 2 (*consultando um livro*): Outros disseram: "Proprietários de todo o mundo: uni-vos".

Anjo 1: Aí foi aquele negócio horrível. (*virando as folhas do livro rapidamente*)

Demônio: Horrível. (*virando as folhas de um livro, rapidamente*)

Anjo 1 (*virando as folhas, rapidamente*): Horrível. (*parando numa folha*) E de repente um outro achou que seria mesmo eficiente transformar todo mundo em proletário.

Anjo 2: Eficiente.

Demônio: Eficiente.

Anjo 2 (*folheando o livro*): Está aqui. Disseram: "Por que não transformamos todos em proprietários eficientes?".

Anjo 1: Acharam bom.

Anjo 2: Acharam.

Demônio: Muito bom.

Anjo 1: É bom ter as coisinhas da gente, não?

Anjo 2 (*para o Demônio*): Por falar nisso, um dia desses o senhor usou a minha asa.

Demônio: Foi sem querer.

Anjo 2: É, mas não pode. Não pode.

Anjo 1: Os senhores estão saindo do assunto. Já não há lugar para desavenças pessoais.

Anjo 2 e Demônio: Perdão. (*pausa*)

Anjo 2 (*consultando o livro*): Mas nós estávamos onde? Ah, sim... Ficaram todos proprietários. Fizeram casinhas para todos.

Anjo 1: Todas iguais.

Anjo 2 (*consultando o livro*): Com uma árvore.

Demônio (*consultando um livro*): Aí tem esse detalhe, é? Aqui não tem.

Anjo 2: Sim, sim, (*lendo*) uma árvore no jardim de cada casa.

Anjo 1: A mesma árvore?

Anjo 2 (*lendo*): Na América do Sul... bananeiras, mangueiras... na América do Nor...

Anjo 1 (*interrompendo*): Mangueira leva anos pra crescer.

Anjo 2: Bem, mas cresceram.

Demônio: Mas isso não importa nada, por favor. Enfim, ficaram à sombra.

Anjo 1: O senhor está muito apressado.

Demônio: Mas é incrível... não compreenderam ainda? É preciso intervir.

Anjo 2: Ora, isso já aconteceu tantas vezes. (*apontando uns livros grossos*) Olhe, olhe para esses tratados de escatologia. O mundo terminou milhares de vezes... Olhe para esse aqui, com mais de dez mil páginas. Não parece nada, não parece nada mas é um *Lusíadas* que está aqui.

Anjo 1: De que período é esse, hein?

Anjo 2: E o senhor acha que eu tive ânimo para começar? Nem toquei. A única coisa certa (*para o Demônio*) é que todas as vezes o senhor nos aborrece. Qual é a promessa que o senhor nos faz sempre, hein?

Anjo 1: Não é preciso que ele responda. (*consulta um livro*) Aqui está a última promessa: "Prometo intervir para que não se faça o caos". (*fechando o livro*) E como foi feio dessa vez, cruz credo.

Demônio: Mas era necessário. Os senhores não sabem como a coisa é de perto. Sempre sou eu quem desço. Aliás... posso perguntar por quê?

Anjo 2: Porque sempre foi assim.

Demônio: Desde quando?

Anjo 1: Desde sempre. Na hora de intervir é com o senhor. Mas será que desta vez as coisas não poderiam ser mais tranquilas?

Demônio (*olhando para a cena de baixo*): Eu nunca os experimento demasiado. Mas são tão frágeis.

O Anjo 2 olha para o lado oposto da cena do palco assim como se estivesse espiando o que se passa na praça.

ANJO 2 (*para o Demônio*): Escute, e aqueles lá na praça, hein?

DEMÔNIO: É o povo.

ANJO 1 (*espiando*): Os casais estão juntos... agarrados... e fazem (*encantado*) nossa... que situação paradisíaca.

ANJO 2: O senhor sabe muito bem que aqui nunca houve dessas coisas.

ANJO 1: É só uma maneira de falar, perdão.

ANJO 2 (*para o Demônio*): Estão assim há muito tempo, não é?

DEMÔNIO: Comem e fazem aquilo. É preciso sacudi-los. E por isso eu vou propor como líder aquele que um dia me visitou. Uma ótima pessoa, o mais bravo entre os bravos.

ANJO 1: Só existe um para propor-lhes: o Mestre. (*olhando para o palco de baixo*) E o Mestre está lá.

DEMÔNIO (*grave*): Mas repousa. E não quer mais voltar. Na verdade, está ausente.

O Papa e o Cardeal levantam-se e vão até a janela. Ficam espiando a praça através da vidraça.

Anjo 1: Não é verdade. (*citando as palavras de Jesus*) "Levanta a pedra e aí me encontrarás. Fende a madeira: estou lá dentro".

Anjo 2: E aquele, que você quer como líder, mentia.

Demônio (*sorrindo*): Mentia sim, mas à maneira de um poeta.

Um jovem entra na sala carregando a estátua de Ulisses. O público não sabe que é Ulisses. A estátua é colocada num canto, sozinha e de costas para o público. O Papa, o Cardeal e o Monsenhor continuam alheios a essa manobra.

Anjo 1 (*para o Anjo 2*): Olhe, não é ele que está sendo colocado naquele canto?

Anjo 2: É ele sim. (*para o Demônio*) Isso foi coisa sua. O senhor vai confundi-los.

Demônio: Os senhores não entendem. Desta vez quero fazer as coisas com logicidade. (*referindo-se a Ulisses*) Aquele vai entusiasmá-los. Começarão a pensar com tanta vitalidade que serão obrigados a falar. E o mundo continuará existindo. Afinal não é isso que os senhores querem?

Anjo 1 (*com melancolia*): Não temos certeza... francamente. (*pausa*)

Anjo 2 (*com melancolia*): Não sabemos o que fazer. (*pausa*) Vamos meditar. (*saem*)

O Demônio fica sozinho, coloca os óculos e consulta livros. A luz diminui. Luz maior sobre a cena do palco.

Papa (*espiando através da vidraça. Para o Cardeal, com espanto*): Estão despidos, Eminência? Despidos?

Cardeal: Sem memória, Santo Padre.

Papa: Sem memória? Olhou bem, Eminência?

Cardeal: Sim, Santo Padre, mas isso é a única coisa de que se lembram.

O Papa faz um gesto de desalento. Vira-se. O Cardeal também. Deparam com as estátuas. Entreolham-se sem compreender.

Papa (*muito intrigado*): Mas por quê? (*examinando Mao, Marx, Lênin e Ulisses*) Por quê?

Cardeal: Não sei, Beatíssimo Padre, francamente... não sei.

O Papa faz novo gesto de desalento e encaminha-se novamente para a mesa de xadrez. Senta-se. O Cardeal também.

CARDEAL (*olhando o jogo*): O Santo Padre está cansado? (*pausa*)

CARDEAL: Estamos aqui há muito tempo.

MONSENHOR (*voz baixa, tentando colocar as asas*): Parece que não há solução.

CARDEAL (*virando-se para o Monsenhor*): E aí, como vai?

MONSENHOR: Como vê, não vai. A asa não foi feita para este corpo. (*pausa*)

CARDEAL (*voltando-se para o xadrez e exibindo o rei do xadrez*): Essas peças são complicadas. Difícil de movê-las. Vede, Santo Padre, os nossos dedos esbarram nestas arestas e isso dificulta o movimento. E até o raciocínio. Talvez por isso é que Vossa Santidade...

MONSENHOR (*interrompendo*): Esse é o rei?

CARDEAL: Sim.

MONSENHOR: Complicado realmente.

CARDEAL: Sim, mas um rei é um rei.

MONSENHOR (*constrangido*): Parece uma boa explicação.

CARDEAL (*tentando ser mais claro*): Um rei é... um homem que reina.

Monsenhor (*constrangido*): Ahn... isso elucida bem.

Cardeal: Bem... um rei é... um homem que tem uma coroa.

Monsenhor (*com certo constrangimento e ironia*): Preciosa.

Cardeal (*tentando achar uma boa definição*): Ora, vejamos... um rei tem dois braços, duas pernas e quando necessário tem a mão pesada.

Papa (*ameno*): Basta de tolices.

Cardeal: Perdão. (*examinando o tabuleiro e colocando o rei no lugar. Tentando agora ajudar o jogo do Papa*) Vossa Santidade poderia mover... (*indica uma peça mas arrepende-se*) não, não, (*aponta outra*) esta aqui. E deixar assim a área livre para as que vêm a seguir.

Papa (*cansado e distraído*): E quem vem a seguir? (*pausa*)

Cardeal (*comovido, examinando o Papa*): O Beatíssimo Padre está cansado.

Papa (*levantando-se*): Sim.

Cardeal: Poderíamos passear pelo jardim.

O Monsenhor olha com espanto para o Cardeal.

Papa (*contente e esperançoso*): Poderíamos?

Cardeal: Ah, é verdade, eles também estão no jardim, não é? Então não é mais possível. (*vai até as estátuas. Examina-as*) Não poderíamos, assim para fazer alguma coisa, limpar estas estátuas? (*refere-se a Mao, Marx, Lênin e Ulisses*)

Papa: Isso teria alguma utilidade?

Cardeal (*aproximando-se da estátua de Marx*): O Santo Padre não acha que... limpando esta cara aqui...

Monsenhor (*interrompendo*): Não fale assim. Não é uma cara. (*olhar de desaprovação do Papa, e olhar festivo do Cardeal. Com respeito*) Quero dizer... não é uma cara qualquer.

Papa (*aborrecido*): Oh, por favor. (*pausa*)

Monsenhor (*caminhando até Marx. Com certa ingenuidade*): A mulher dele falou certa vez que seria agradável usar novamente os guardanapos de damasco. (*olhar de interrogação do Cardeal e do Papa. Tentando explicar*) Ela possuía uns guardanapos de damasco muito bonitos mas eles iam sempre do armário para o penhor, do penhor para o armário, e ela não podia usá-los. (*comovido*) Nesse período a vida deles era muito modesta. Passavam...

CARDEAL (*interrompe*): Fome?

MONSENHOR: Nem tanto. Mas os guardanapos de damasco não combinavam com toda a atmosfera do ambiente... o senhor compreende?

CARDEAL (*examinando Marx. Intrigado*): A mulher dele, é? Nunca pensei.

PAPA (*com, acentuada impaciência*): Basta de tolices. (*pausa maior*)

CARDEAL (*repentinamente apavorado*): Santo Padre, poderão matar-nos? (*pausa*) Mas em nome do quê? (*aponta a janela*) Para aqueles, (*aponta as estátuas*) todos esses estão mortos.

PAPA (*apontando para Jesus*): Aquele não.

CARDEAL (*exaltado*): Eles não querem a palavra de nenhum.

PAPA (*lentamente. Angustiado*): Se eu pudesse sacudi-los e dizer: O Cristo não está morto. (*caminha até a janela. Apreensivo*) Mas o que é que eles querem?

CARDEAL: Tudo já foi dito.

PAPA: Será preciso dizer novamente.

MONSENHOR (*junto ao pássaro. Olhando-o*): Estão cansados de ouvir essas coisas que já foram ditas. (*pausa*)

Papa (*aproximando-se do Monsenhor muito angustiado*): O que é que eles querem?

Monsenhor (*olhando o pássaro*): Certamente a nossa mor...

Papa (*interrompe a palavra "morte". Exaltado*): Mas por quê? Por quê?

Monsenhor (*tentando desviar o assunto. Olhando as asas caídas no chão*): Se eu pudesse colocar as asas novamente. (*parêntese*) Se é que alguma vez ele teve asas. (*sorrindo. Voz baixa*) Diante de um perigo o meu avô diria assim... para dar um exemplo...

Papa (*interrompendo*): Por favor, não é o momento.

Monsenhor: Mas, Beatíssimo Padre, o que falar? Estamos tão fatigados.

Papa (*desanimado*): Sim, sim.

Cardeal (*voz alta. Para o Monsenhor*): Mas não precisamos falar do seu avô.

O Demônio, quando ouve a palavra "avô", assusta-se como se o tivessem chamado, fecha o livro, tira os óculos, consulta o relógio de pulso e prepara-se para descer.

Eu gostaria que o Demônio descesse deslizando de uma viga cilíndrica.

Demônio (*para os anjos*): Disseram avô? Então é a minha vez.

Monsenhor: Pois ele sempre foi um exemplo para a comunidade. Basta lhe citar um fato...

Cardeal (*interrompe*): Não, por favor.

Papa (*examinando as asas do pássaro e referindo-se a elas*): Se nós não conseguirmos colocar... tudo estará perdido, (*para o Prelado*) não é?

Monsenhor: O Santo Padre não quer tentar?

Papa (*acariciando o pássaro, comovido*): O meu pobre rebanho... O meu escuro rebanho.

Demônio (*pondo os pés na sala, arrumando-se, discreto como se estivesse apresentando as suas credenciais*): Lúcifer, príncipe das trevas, governador dos tristes impérios do profundo Aqueronte, rei do inferno e reitor da geena, saúda o Papa e a seus servidores. (*olha demoradamente para os três. A reação do Papa à entrada do Demônio é a de quem já o conhece muito bem e está inclusive um pouco fatigado da sua presença. O Cardeal e o Monsenhor ficam discretamente deslumbrados mas, a um olhar do Papa, fingem indiferença. O*

Demônio aproxima-se do pássaro, pega uma das asas caídas no chão) Então... não conseguem? (*pausa. Olhando o pássaro, enternecido*) É belo.

CARDEAL (*um pouco afoito e com certo entusiasmo*): Sim, de fato poderíamos até dizer que é mais belo sem asas. Alguém me disse que as asas já são símbolos gastos e...

PAPA (*interrompe, contrariado. Para o Demônio*): O Monsenhor tem trabalhado muito mas é impossível colocá-las.

DEMÔNIO (*examinando o rabo do pássaro*): Olhando-se assim, de repente, parece um brinquedo fácil de conduzir, não?

PAPA (*para o Demônio. Aproximando-se. Voz baixa. Referindo-se às estátuas de Mao, Marx e Lênin*): Escute, por que a presença incômoda de alguns?

DEMÔNIO (*sorrindo*): Porque pode-se meditar bastante diante destas caras.

MONSENHOR: Não fale assim, não são caras. (*olhar de desaprovação do Papa*) Quero dizer... não são caras comuns.

PAPA (*para o Demônio*): Diga... o meu rebanho como está?

Demônio: O Santo Padre já não viu? Então. É preciso reviver alguma verdade.

Papa (*com paixão*): E não é por amor a uma verdade que ainda luto?

Demônio: A vossa verdade parece não ser a verdade deles. Não compreendem mais.

Papa: Mas compreenderam uma vez. Havia milhares de fiéis... tinham o rosto iluminado, o coração em chamas. Amavam! Onde estão?

Demônio: Isso já faz muito tempo. Cansaram-se. (*o Papa dá agora a impressão de total desalento. Está exausto*) Mas a meu ver tudo que aconteceu me parece tão extravagante. (*tentando reanimar o Papa*) Vamos, Beatíssimo Padre, vamos. Agora estou aqui. (*muito delicado*) E nós temos a mesma verdade.

Papa (*lentamente. Grave*): Nós temos a mesma verdade?

Demônio (*aproximando-se da estátua de Jesus. Grave*): Bem... eu falo com Ele.

Papa (*exaltado*): Certamente não falamos as mesmas coisas.

Demônio: Acalmai-vos. (*pausa*) Santo Padre, eu sou o mediador.

Papa (*interrompendo*): Cristo é o único mediador entre Deus e os homens.

Demônio: O Beatíssimo Padre não me deixou terminar. (*lentamente*) Eu sou o mediador agora (*aponta a janela*) entre aqueles e Vossa Santidade. (*pausa. Contorna a estátua de Jesus, examina-a com atenção*) Ele não era assim.

Cardeal: Assim como?

Demônio (*mostrando a estátua de Jesus*): Assim.

Monsenhor: Ele era forte.

Demônio: A força era de dentro. (*examina a coloração das outras estátuas*) Estão todas bastante descuidadas. Cor de limo.

Monsenhor: Ficaram expostas à ação do tempo.

Cardeal: Acho que resolveram preservá-las, colocando-as aqui. Na verdade não sei bem por quê.

Demônio: Compreende-se.

Cardeal: Afinal, por quê?

Demônio: Talvez porque... são bem feitinhas, não é? Obras de arte? Será isso? (*todos fazem caras de dúvida. Demônio, referindo-se a Jesus. Delicado*) Ele é o único que não tem a mesma cor. Mas assim mesmo parece descuidado. (*para o Prelado*) Estava no jardim?

Papa (*grave*): Esteve sempre aqui. (*pausa grande*)

Demônio (*atmosfera digna. Tom grave. Lentamente*): Alguns disseram que Ele amava Madalena e que certa vez estava decidido a casar-se com ela... mas quando resolveu declarar-se sentiu que umas garras lhe feriam a cabeça...

Papa (*interrompendo*): Umas garras? (*pausa*)

Demônio (*com ironia*): Deus também pode ter garras, Beatíssimo Padre.

Monsenhor (*com enorme curiosidade, enfrentando o olhar de desaprovação do Papa*): E depois?

Demônio (*aproximando-se do Monsenhor. Grave*): A dor foi intensa... absurda. E Ele não pôde dizer do seu amor.

Papa (*extremamente aborrecido*): Não é verdade. (*pausa*)

Demônio (*contornando a estátua de Jesus*): Outros também disseram que Ele passava as noites em vigília.

Papa: Isso é verdade. Orava ao Pai.

Demônio (*grave*): Não, Santo Padre, não foi o que disseram. Não orava. Andava de um lado a outro, debatia-se, jogava-se no chão e falava em voz alta.

PAPA (*subitamente impressionado*): Falava o quê? (*faz um gesto demonstrando que não quer mais saber*)

MONSENHOR (*perturbadíssimo. Para o Demônio*): Eu gostaria de saber. (*pausa*)

DEMÔNIO: Falava... o rosto abrasado... as mãos fechadas... (*Estende os braços para o alto, com violência. Voz possante*) "Eu não quero! Eu sou igual a qualquer outro homem, eu amo a vida! Não quero!"

PAPA (*muito contrariado*): Cale-se.

Silêncio constrangedor. O Demônio acaricia lentamente a estátua de Jesus. Comovido.

DEMÔNIO: Era carpinteiro.

PAPA: Todo mundo sabe disso. (*pausa*)

DEMÔNIO: Fazia cruzes com perfeição.

CARDEAL (*perplexo*): Fazia cruzes? Para quê?

MONSENHOR: Ele não fazia cruz alguma. Fazia objetos.

PAPA: Delicados. Delicados. (*pausa*)

DEMÔNIO (*sorrindo*): É verdade. Ele esculpia na madeira uns pequenos cordeiros tão perfeitos que à noite os lobos carregavam. E José O repreendia assim... sorrindo: "Meu filho, pare de enganar os lobos".

PAPA (*exaltado*): Basta. Basta.

Atmosfera desagradável. O Monsenhor volta a trabalhar no pássaro. O Cardeal senta-se à mesa de xadrez, absorto. O Papa está inquieto e súbito se detém, aproxima-se do Demônio, falando em voz baixa com grande angústia.

PAPA: Fazia cruzes?

DEMÔNIO: É melhor não falar.

PAPA (*irritado*): Você deveria andar sempre de joelhos.

DEMÔNIO (*delicado*): Isso retardaria a minha ação, Beatíssimo Padre. (*o Papa faz um gesto de impaciência*) Mas às vezes eu me sinto como um cordeiro caminhando em direção ao matadouro. Tenho feito perguntas desde que me conheço e não ouço a resposta.

PAPA (*mais tranquilo*): Certas respostas demoram algum tempo.

DEMÔNIO: Uma eternidade. (*o Demônio caminha em direção à mesa de xadrez. O Cardeal afasta-se. O Papa acompanha o Demônio, olha tristemente para o próprio jogo, o Demônio examina o esquema, move uma das pedras do jogo do Papa)* Não se exponha tanto, Santo Padre.

PAPA (*lentamente. Bem próximo ao Demônio*): Talvez Ele fizesse cruzes... por amor?

DEMÔNIO: Não. (*pausa*)

PAPA (*angustiado*): Talvez... enfim... (*o Demônio sacode, negativamente a cabeça*) Talvez...

O Demônio continua negando uma possível proposição do Papa, mas resolve falar porque vê o Santo Padre muito angustiado.

DEMÔNIO (*delicado. Lentamente*): Ele colocava as cruzes que fazia... em alguns lugares: às vezes perto das flores, às vezes... só sobre o verde... outras... ao lado de uma fonte e perto de um pé de girassol.

PAPA (*perturbado*): Por quê? Por quê? (*pausa*)

DEMÔNIO (*grave. Lentamente*): Para convencer-se a cada dia... da beleza daquela forma. Para convencer-se. Não é fácil ver beleza numa cruz.

PAPA (*angustiado*): Você viu ele fazer isso?

DEMÔNIO: Certas coisas eu apenas intuí. Mas uma tarde Ele colocou a sua cruz mais perfeita na direção do sol. Disso lembro-me bem. E assim, com o braço estendido, repetiu várias vezes: (*comovido*) "És bela, sim, és bela." (*pausa. O Demônio muda o tom, fica mais descontraído*) E daí fizemos uma espécie de transação... digamos uma transação comercial. (*o Papa não entende*) Ele me daria a Sua vida em troca daqueles que eu possuía, isto é, a humanidade inteira. Mas... não terá sido inútil?

Ruídos roucos, ininteligíveis mas de tom agressivo, vindos da praça. Ruídos aumentando. Atmosfera desagradável de tensão. O Cardeal resolve espiar pela vidraça.

CARDEAL (*apreensivo. Na vidraça*): Estão impacientes agora. E há outros que vêm chegando.

MONSENHOR (*apreensivo*): São muitos?

CARDEAL: Parece o mundo inteiro.

PAPA (*com determinação*): Então vamos abrir a janela.

DEMÔNIO: Não, por favor.

CARDEAL: Santo Padre, vamos ter calma.

PAPA (*com determinação*): Vamos abrir a janela. (*para o Demônio*) E pergunte-lhes...

DEMÔNIO (*interrompendo*): Sou mediador mas não posso mostrar-me. E acho que não deveríamos perguntar nada porque...

Papa (*interrompe, com determinação. Para o Cardeal*): Pergunte-lhes o que querem.

Demônio: Santo Padre, eles não falam mais. Entende-se o que querem apenas pelas inflexões. (*ruídos muito agressivos*) Escutai. Estão descontentes agora.

Papa (*perturbado*): Mas é preciso tentar alguma coisa.

Ruído de fora mais intenso.

Demônio: Talvez se o Santo Padre se desfizesse dessa roupa... um pouco assim... (*estendendo o peito para frente dando a entender que são roupas de muita pompa*) e ficasse com outra mais simplesinha, quem sabe... se sentiriam mais próximos de Vossa Santidade.

Cardeal: Um rei é um rei.

Papa (*com energia. Para o Demônio*): Isso é simples. Posso tirá-la imediatamente. (*tira a grande túnica e fica apenas com outra singelíssima. Conserva a coroa. Entrega a túnica ao Demônio*)

Demônio: Muito bem, muito bem. Vamos mostrá-la. E a coroa agora. Tirai-a, Santo Padre.

Cardeal (*triste*): É tão bela, tão brilhante.

Papa (*impaciente, tirando a coroa. Para o Cardeal*): Oh, por favor, que importa? (*entrega a coroa ao Demônio*)

Demônio (*entregando a coroa e a túnica para o Cardeal*): Mostre. Talvez dê algum resultado.

Cardeal (*muito assustado*): Eu?

Papa (*para o Cardeal. Apressado*): Vai, vai.

Cardeal (*hesitante, vai caminhando até a janela, interrompe a caminhada*): Não poderíamos mostrá-las através das vidraças?

O Papa faz um gesto de desespero. O Cardeal resolve obedecer, abre lentamente a janela. Ruídos intensificam-se. O Cardeal hesita ainda mas vai até a sacada, mostra ao povo a túnica e a coroa mas os ruídos ficam cada vez mais agressivos. O Cardeal não sabe bem o que fazer, vira-se discretamente para o interior da sala e, como os ruídos parecem absurdos de tanta intensidade, o Demônio resolve intervir.

Demônio (*agitado, para o Cardeal*): Volta, volta. (*O Cardeal volta apressadamente e fecha com rapidez as janelas. Os ruídos continuam mais abafados. Um tempo. Depois mais brandos. Cessam. Na sala a atmosfera é tensa. Um certo tempo. Para o Papa*) O Beatíssimo Padre teria objeção... se eu sugerisse... de mostrarmos na sacada... (*aproxima-se da estátua de Marx*) esta cara aqui?

MONSENHOR: Não é simplesmente uma cara.

O Papa faz um gesto para que o Monsenhor não insista.

DEMÔNIO: ...e diríamos... aliás (*sorrindo*) o Monsenhor é quem diria (*parêntese*) é mais jovem, (*grave*) as coisas que se deve falar.

CARDEAL (*desconfiado*): O Monsenhor vai dizer coisas?

DEMÔNIO: Algumas coisas (*referindo-se a Marx*) que este homem falou.

PAPA (*aborrecido. Para o Demônio*): Mas o senhor não percebe? Eles não querem mais esse aí... nem outro qualquer.

DEMÔNIO: Sei, Beatíssimo Padre, mas de qualquer modo é preciso tentar. Na verdade, ele tem certos trechos muito convincentes. E se o colocaram aqui, nesta sala, talvez tenham, digamos, insólitas mas... fecundas intenções.

PAPA (*com desconfiança*): O senhor citaria trechos da juventude ou da maturidade?

DEMÔNIO: Talvez os trechos da maturidade sejam mais prudentes. (*olhando o pássaro. Sorrindo*) São trechos... sem asas. Sem nenhuma asa.

CARDEAL: E não fica assim meio desorganizado... começando pelo fim?

PAPA (*aborrecidíssimo. Para o Cardeal*): Oh, por favor. (*pausa. Para o Demônio*) Acho inútil.

DEMÔNIO: Nada é inútil nesta hora. Começamos com este (*refere-se a Marx*) e continuamos com os outros.

PAPA (*apontando Jesus*): Por que não começar com Ele? (*pausa. O Demônio não responde, mas olha fixamente o Papa*)

CARDEAL: Falou palavras duras.

MONSENHOR: Mostre-lhes a cruz.

DEMÔNIO: Poderão pensar que desejamos crucificá-los. (*para o Papa*) Deixai-me agir. Estou tão interessado quanto vós. Se um de nós morrer, o outro não terá escolha... porque não haverá mais com quem lutar. (*alisa o rabo*) Preservando-vos, preservo a mim mesmo. (*para o Monsenhor*) Vamos, vamos até a janela. E repete as coisas, que eu te digo.

MONSENHOR: Está bem. Mas não fale muito depressa.

PAPA: É inútil. É inútil.

DEMÔNIO: Santo Padre, talvez exista em algum trecho uma palavra-chave. Alguma coisa que os emocione novamente.

PAPA: Amor?

DEMÔNIO (*rindo como se o Papa tivesse falado uma tolice. Recompondo-se*): Perdão. Vamos experimentar outras palavras. Se não der certo, podemos repetir essas que estão gastas ou inventar uma, se necessário.

MONSENHOR: O meu avô...

CARDEAL (*interrompendo com impaciência*): Mas não é possível, Monsenhor.

MONSENHOR: Mas ele dizia uma palavra que nunca ouvi ninguém dizer.

PAPA (*abatido*): Oh, senhor...

CARDEAL (*com desconfiança*): O seu avô?

MONSENHOR: Perfeitamente.

DEMÔNIO: Vamos, vamos, diga logo então. (*pausa*)

MONSENHOR (*para o Demônio. Dizendo a palavra*): Potoqueiro.

CARDEAL (*decepcionado*): Ora... contador de potocas.

DEMÔNIO (*decepcionado*): Mentiroso.

Monsenhor (*desapontado*): Ah, é?

Papa (*ameno*): Basta de tolices.

Demônio (*para o Monsenhor*): Vamos até a janela.

Monsenhor (*interrompendo a caminhada*): Lembro-me de outra. (*o Papa está impaciente*) Tende paciência comigo, Beatíssimo Padre, mas esta pode ser de melhor efeito. É mais sonora. (*o Papa faz um gesto de assentimento, com desânimo. Monsenhor soletra a palavra*) Monadelfo. (*pausa*)

Papa (*sem entender*): Monadelfo?

Demônio: Faz parte da botânica. (*dando a definição*) Que tem os estames reunidos num só feixe. Isso é monadelfo.

Cardeal (*encantado. Para o Demônio*): O senhor estudou botânica?

Demônio: O paraíso, durante algum tempo, era de solidão, Eminência.

Papa (*lentamente*): Quem tem os estames reunidos num só feixe.

Cardeal: Parece uma boa proposição.

Demônio: Gasta.

MONSENHOR (*entusiasmado*): Uma comunidade monadelfa. Um todo monadelfo.

CARDEAL (*entusiasmado*): Sejamos monadelfos.

DEMÔNIO: Pode intrigá-los perigosamente. E não me cheira bem.

CARDEAL (*mais desanimado*): Monadelfos... bem... (*para o Monsenhor*) mas em suma, quem era o seu avô?

O Monsenhor prepara-se para contar com muita satisfação, mas o Demônio puxa-o em direção à janela.

DEMÔNIO (*com determinação. Para o Monsenhor, colocando-o em frente da vidraça*): Fica aí. Agora eu pego o homem. (*pega a estátua de Marx e a coloca na frente do Monsenhor, antes de abrir a janela*) Leva o homem até a sacada. Fica um pouco mais atrás. E repete o que eu te digo com voz possante. Clara. (*abre a janela e no mesmo instante ouve-se os ruídos agressivos. O Monsenhor coloca a estátua de Marx na sacada. Os ruídos param*)

PAPA: Silenciaram. Parece um bom começo.

DEMÔNIO (*para o Monsenhor. Aflito*): Repete, repete.

O Demônio fica perto da janela movendo os lábios.

MONSENHOR (*para o povo, um pouco atrás de Marx. Voz possante mas com alguma hesitação*): "Para que servem vossas mentiras e vossas frases oficiais? Nós não pedimos..." (*para o Demônio. Virando-se com discrição*). O quê? Mas isso eu não posso dizer, é perigoso.

DEMÔNIO (*com impaciência*): Repete, repete.

MONSENHOR (*com hesitação*): "...nós não pedimos piedade. Quando chegar a nossa vez nós não empregaremos o terrorismo." (*para o Demônio*) Mas o homem disse isso?

CARDEAL: Potoqueiro.

DEMÔNIO: Repete, vamos, repete.

MONSENHOR: "Os terroristas reais, os terroristas em nome de Deus e do Direito sois vós mesmos. Na prática desse terrorismo sois brutais, provocantes, grosseiros e na teoria sois covardes, dissimulados, sem palavra. Nos dois casos não tendes honra."

Ruído agressivo ensurdecedor. O Monsenhor fica hesitante, não sabe se entra ou se é para continuar na sacada. O Demônio faz sinais para que ele entre. Ele entra, esquecendo-se da estátua de

Marx e o Demônio pede que ele volte para buscá--la. A atmosfera na sala é tensa porque os ruídos não param. O Monsenhor pega apressadamente a estátua de Marx, e o Demônio fecha a janela com rapidez. Ruídos abafados.

Papa (*para o Demônio*): Mas que imprudência. O senhor os agrediu.

Demônio: Pensei que seria um bom trecho de efeito moral.

Cardeal: Bem, bem, agora pelo menos tiramos um peso da cabeça.

Monsenhor: Mas esse homem falou outras coisas também.

Demônio (*desanimado*): Falou sim. Falou: "Graças a Deus eu não sou marxista". (*o ruído na praça começa a crescer em intensidade. Todos estão à escuta*) Isso não pode continuar assim. (*pega rapidamente a estátua de Mao e leva até a janela*)

Cardeal (*horrorizado*): Mas por favor, o que é que o senhor vai fazer?

Demônio (*abrindo a janela*): Repetir. Repetir. (*coloca-se atrás da estátua de Mao, leva Mao até a sacada, sempre escondido, e movimenta somente os braços. Voz de discurso, citando trechos de Mao*)

"Nos dizem: vocês instalaram uma ditadura. Sim, queridos senhores, instalamos efetivamente uma ditadura."

Ruído intenso.

PAPA (*aborrecido*): Mas por que ele insiste, por quê?

DEMÔNIO (*continuando Mao*): "Nos dizem: vocês não são benevolentes. É certo. É certo."

CARDEAL: Ele está procurando descobrir a palavra-chave.

DEMÔNIO (*citando Mao*): "Nossa nação entra na grande família das nações que no mundo amam a paz e a liberdade." (*ruído intenso. Uma pedra entra pela sacada. O Demônio tira da sacada rapidamente a estátua de Mao e pega a de Lênin. Quase sem fôlego, para o povo. Repetindo Lênin*) "Não, mil vezes não, camaradas."

Ruídos agressivos e novas pedras entrando pela sacada. O Demônio, durante os ruídos, continua atrás de Lênin, parado como se estivesse pensando.

CARDEAL (*para o Monsenhor, inquieto*): Por que ele não experimenta dizer sim?

MONSENHOR: Como assim?

CARDEAL: Sim, mil vezes sim, camaradas.

Monsenhor: Ele já disse não. Fica contraditório.

Cardeal: Efetivamente. Não havia pensado.

Monsenhor: Evidente.

Cardeal: Certo. Claro.

Ruídos ensurdecedores.

Demônio (*resolvendo entrar, puxando Lênin para dentro. Com desapontamento*): E pensar que tudo isso que disseram saiu de um outro que disse: "A liberdade consiste em desejar nada, além de si mesmo".

Cardeal: E esse onde está?

Demônio: Está lá na minha casa. (*pausa*)

Papa (*aborrecidíssimo*): Estou cansado. Estou muito cansado. (*a todos*) Vou ficar a sós durante algum tempo. (*para o Cardeal e o Monsenhor*) Vigiai. (*sai pela porta da direita*)

Ruídos cessam. O Cardeal e o Monsenhor vão até a mesa de xadrez. Examinam o jogo com desânimo. O Demônio aproxima-se do pássaro e o acaricia.

Cardeal (*referindo-se ao jogo do Papa*): Ele ainda está sem proteção.

Monsenhor (*examinando o jogo do Papa*): Estava bem distraído.

CARDEAL: O senhor ousa dizer isso do Beatíssimo Padre?

DEMÔNIO: É preciso reconhecer que ainda está distraído.

CARDEAL (*com alguma rispidez. Para o Demônio*): Melhor que o senhor não interfira. (*pausa*)

MONSENHOR (*como se falasse consigo mesmo*): O Beatíssimo Padre tem sido generoso.

DEMÔNIO: Será tempo de generosidade?

MONSENHOR: O Beatíssimo Padre tem sido verdadeiro.

DEMÔNIO: É tempo de alguma verdade?

MONSENHOR: O Beatíssimo Padre tem sido fiel.

DEMÔNIO: O tempo não é de fidelidade.

CARDEAL (*para o Demônio*): É tempo de quê? (*pausa*)

DEMÔNIO: De vigor. Vigor.

MONSENHOR: O senhor confunde o sentido das palavras.

CARDEAL: Vigor... é fé. (*pausa*)

DEMÔNIO (*aproximando-se dos dois*): Vai ser difícil ajudá-los. Não temem? (*mais próximo*) Não temem?

O Cardeal e o Monsenhor perturbam-se mas em seguida se recompõem.

CARDEAL E MONSENHOR: Não.

O Demônio volta ao pássaro. Rodeia o pássaro e resolve montar no dorso da ave como se estivesse montando um cavalo. Dá discretas risadas mas de repente inflama-se como se estivesse cavalgando, dominando inteiramente o pássaro.

MONSENHOR (*com alguma determinação*): Não faça isso, por favor.

O Demônio obedece e resmunga com discrição. Pausa.

DEMÔNIO (*distraidamente*): Dizem que ela sofreu muito antes de morrer. Dizem que não foi possível (*faz um gesto como se estivesse se estrangulando*) rrrrrr... como costumavam fazer por misericórdia... não foi possível porque armaram o conjunto todo muito lá em cima... para que o povo visse seu rosto, naturalmente, e o carrasco não tinha como fingir que arrumava a lenha... e porisso foi horrível... o fogo foi comendo aquela carne viva, o cheiro era insuportável, ela (*levanta a voz*) urrou... urrou. (*com desânimo*) Parece que o coração ficou intacto, já é alguma coisa, já serve.

Cardeal (*fingindo-se entretido no jogo mas perturbado. Para o Monsenhor*): Mas de que é que ele está falando?

Monsenhor: Da Joana.

Cardeal: Da Joana? (*para o Demônio*) Não seja ridículo.

O Demônio faz caras como quem diz: "Está bem, vamos ver depois". O Monsenhor fica muito impressionado com essas caras.

Cardeal (*para o Monsenhor que não desvia os olhos do Demônio*): Não lhe dê atenção.

O Monsenhor finge jogar xadrez.

Demônio: Há certos rituais que o povo não esquece. Alguma palavra-chave... e o povo se lembrará da cadência... do ritmo de certas situações. Não sei bem por que, acredito ainda que o povo, sem saber, tem certa nostalgia... digamos... de uma visão sumamente estética? (*aproximando-se muito dos dois*) Aliás...

Monsenhor (*interrompendo*): E é estético morrer queimado?

Demônio: ...aliás... em pompa... e aparato... somente um se igualou aos senhores.

O Cardeal e o Monsenhor olham para o Demônio sem compreender. O Demônio elucida fazendo a saudação nazista.

MONSENHOR (*com violência*): Afaste-se.

Atmosfera desagradável. O Demônio volta ao pássaro e começa a brincar com o rabo dourado da ave. Sorri.

DEMÔNIO (*citando Shakespeare*): "O que temos aqui? Ouro, ouro amarelo, brilhante, precioso! Muitos conseguem transformar, com isto, o branco, em negritude; o feio, em maravilha; o falso, em verdade; o vil, em nobreza; o velho, em juventude; o covarde, em valentia."

MONSENHOR (*intrigado, para o Cardeal*): Quem disse isso?

DEMÔNIO: Timão, de Atenas. (*apontando Marx*) Mas ele também gostava muito desse trecho. (*aproximando-se do Cardeal e do Prelado*) Eminência, Monsenhor, eu também endosso as palavras de Timão.

CARDEAL: Mas quem é que pode acreditar em ti?

DEMÔNIO: Como me compreendem mal. Certos dias, tenho as mesmas dores (*referindo-se a Jesus*) d'Aquele.

Monsenhor: Por favor, cala-te.

Demônio: Então eu mesmo não sei, mais do que todos, o que o ouro pode fazer aos homens?

Cardeal (*com ironia*): Você abomina o ouro.

Demônio: Não acreditais em mim. Será preciso refazer vossos tratados de demonologia, ou as vossas leituras não foram atentas? Escutai-me: a cada ato de ambição, de poder e de cobiça... eu sofro.

Cardeal (*para o Monsenhor, que lhe comeu uma pedra*): O senhor está avançando demais.

Demônio: Posso explicar por quê.

Cardeal: Eu estava falando com o Monsenhor.

Demônio: Mas deixai-me explicar, Eminência.

Cardeal (*para o Demônio*): Continue, continue. Já estamos nos acostumando com a sua música de fundo.

Demônio: Gostaria de dizer... que a finalidade da minha existência... (*faz uma pausa. Diz com determinação*) é de me integrar (*referindo-se a Jesus*) n'Aquele. (*o Cardeal e o Monsenhor param o jogo. Ficam muito surpreendidos*) Esta é uma confissão que eu nunca fiz a ninguém. Poucos estão preparados para ouvi-la.

CARDEAL (*repensando as palavras do Demônio*): Cada ato de ambição... de poder... e de cobiça... te afasta d'Aquele.

DEMÔNIO: É isso, Eminência.

MONSENHOR (*desconfiado*): E o senhor não deseja o afastamento d'Aquele.

DEMÔNIO: Oh, não, Monsenhor, nunca.

CARDEAL: Deseja integrar-se.

DEMÔNIO: Sim. E sofro maior afastamento d'Aquele quando os homens entram em ócio.

MONSENHOR: Mas eles estão ativos agora. (*pausa*) Quero dizer... apedrejam.

DEMÔNIO: Aparentemente ativos. Mas saberão o que desejam?

CARDEAL: Parece que sim. Pelo que vimos...

DEMÔNIO (*interrompe*): É preciso humanizá-los, humanizá-los, Eminência.

O Cardeal e o Monsenhor estão espantados agradavelmente. Resolvem confabular.

CARDEAL (*para o Monsenhor*): O que o senhor acha? Ele diz a verdade?

MONSENHOR: Lembro-me... de um texto antigo: existe um grande demônio cujo papel é o de traduzir e transmitir aos deuses o que vem dos homens, e aos homens o que vem dos deuses. E também diz que... como esse demônio está a uma certa distância dos deuses e dos homens, ele tem a missão de preencher o vazio. Ele seria assim o laço que une o todo a si mesmo.

CARDEAL: E como se chamava esse demônio?

MONSENHOR: Ah, disso não me lembro. Mas era um nome qualquer. (*olha para o Demônio com atenção*)

CARDEAL (*examinando o Demônio*): Se você não sabe o nome desse grande demônio não poderemos fazer um teste e saber se ele é esse.

MONSENHOR: Nem seria de bom senso, Eminência, que ele de repente percebesse que nós nem lhe sabemos o nome.

CARDEAL: É. Isso é. (*pausa*) O senhor acredita nele?

MONSENHOR: Não é melhor que Sua Eminência pergunte a ele próprio?

CARDEAL: Perguntar o quê?

MONSENHOR: Se ele acredita nele, no demônio.

CARDEAL: O senhor acha que é de bom senso?

Monsenhor: Evidente. Ninguém melhor do que ele para responder.

Cardeal: Não sei... não sei...

Monsenhor: Ora vamos, Eminência... pergunte-lhe.

Cardeal: E como devo formular essa pergunta?

Monsenhor: Pergunte-lhe: o senhor acredita que o senhor existe?

Cardeal: Ele pode pensar que é brincadeira.

Monsenhor: Mas, afinal Eminência, o senhor tem medo?

Cardeal (*ofendido*): O quê?

Monsenhor: Então pergunte-lhe.

O Cardeal fica indeciso, caminha um pouco, volta, mas em seguida resolve.

Cardeal (*aproximando-se do Demônio. Sorrindo*): Gostaríamos de lhe fazer uma pergunta.

Demônio: Às suas ordens, Eminência.

Cardeal: Bem. Como a situação geral anda muito, digamos, caótica... ou melhor, como estamos atravessando uma fase de surpreendente renovação...

Nesse momento o Monsenhor faz sinais para que o Cardeal volte.

Cardeal (*para o Demônio*): Com licença um instantinho.

O Cardeal aproxima-se do Monsenhor.

Monsenhor (*confabulando*): Renovação. É isso. Renovação.

Cardeal: O quê?

Monsenhor (*citando um texto*): "No dia da Renovação aquele grande demônio será encerrado no monte Demavend mas conseguirá escapar e disfarçado na forma de um homem monstruoso perturbará toda a criação." É um texto importante.

Cardeal: Mas aqui é o monte Demavend?

Monsenhor: Não. Que eu saiba, não.

Cardeal (*olhando para o Demônio*): E ele te parece um homem monstruoso?

Monsenhor (*examinando de longe o Demônio*): Não... Não... (*referindo-se ao rabo do Demônio*) Tem só aquilo. Mas... monstruoso, não.

Cardeal: Então, meu filho, então.

Monsenhor: Pensei que esse texto nos ajudaria um pouco. Enganei-me.

Demônio (*cansado de esperar*): Estou às suas ordens, Eminência.

CARDEAL (*delicado*): Gostaríamos que não se ressentisse conosco.

DEMÔNIO: Ora essa, Eminência, não, não.

CARDEAL: Às vezes nos confundimos.

DEMÔNIO (*delicadíssimo*): Eu também me confundo quando pergunto coisas (*referindo-se a Jesus*) aquele.

CARDEAL: Bem... então... é o seguinte: (*pausa*) O senhor acredita na sua existência? (*pausa*)

DEMÔNIO: É uma pergunta delicada... convenhamos.

CARDEAL (*meio sem jeito*): Por isso é que ficamos um pouco temerosos.

O Demônio fecha a cara durante algum tempo.

CARDEAL: Mas não está aborrecido conosco não? (*pausa. O Cardeal e o Monsenhor já estão um pouco inquietos. Delicado*) Não?

DEMÔNIO: Por favor, Eminência, por favor... estou somente pensando na verdadeira resposta.

CARDEAL: Esteja à vontade.

DEMÔNIO: Quero ser claro.

CARDEAL: Evidente.

MONSENHOR: Claro. (*pausa*)

Demônio (*pensando mais um pouco*): Bem... (*pausa*) Não.

Cardeal (*sorrindo*): Não?

Demônio: Posso responder agora com absoluta certeza: Não.

Cardeal: Mas então...

Demônio (*interrompendo*): Um momento. Preciso explicar-me.

Cardeal: Ficaríamos agradecidos.

Demônio (*tomando atitudes professorais*): Eminência, Monsenhor. Vou unicamente repetir o que sei desde sempre: todo mestre que deseja comunicar uma verdade aos espíritos humanos deve, de alguma maneira, adaptar essa verdade às ideias geralmente aceitas, às vezes são verdades, outras vezes meias-verdades ou preconceitos populares. Certo?

Cardeal e Monsenhor: Certo.

Demônio: Bem. Nenhum educador razoável começa seus ensinamentos tentando esvaziar o espírito de seus discípulos daquilo que ele considera verdades imperfeitas, antes de lhes comunicar a verdade superior. De acordo?

Cardeal e Monsenhor: Perfeitamente.

O Cardeal e o Monsenhor tiram dos bolsos pequenos blocos para tomar notas e não veem quando um anjo entra na sala e entrega ao Demônio uma lousa e um giz. O Demônio agradece com a cabeça.

DEMÔNIO: Continuemos. O mestre procurará estabelecer (*o Demônio procura ilustrar o que está contando*) um ponto de contato entre os antigos conhecimentos e o novo e assim poderá modificar gradualmente as ideias inexatas ou falsas para encaminhar, em seguida, o seu aluno ao perfeito conhecimento.

O Cardeal e o Monsenhor continuam tomando notas. O Demônio está encantado. O Monsenhor, depois de anotar, quer fazer uma pergunta e levanta a mão.

DEMÔNIO: Por favor, fale, Monsenhor.

MONSENHOR: Para não fugir muito da nossa linha, gostaríamos que o senhor desse um certo embasamento às suas afirmativas, que o senhor...

DEMÔNIO (*interrompendo. Um pouco aborrecido*): Primeiramente devo lhe dizer que não estou inventando tudo isso, apenas endossando trechos dos melhores tratados de demonologia. (*o Monsenhor toma notas*) E segundo esses tratados, o que eu afirmei é a verdade de todo educador e também é a verdade (*referindo-se a Jesus*) d'Aquele. (*o Monsenhor fica muito satisfeito*) Sim, porque Ele se adaptava às crenças populares. Quando encontrava espíritos obcecados pela ideia de que nós existíamos, Ele se adaptava àquela crença popular e agia como se aquela crença fosse verdade, ainda que a sua consciência profunda conhecesse o verdadeiro estado das coisas, ainda que Ele soubesse que nós não éramos nada mais do que estados patológicos da alma ou do corpo. (*pausa*)

Cardeal (*levantando a mão*): Um momento.

Demônio: Pois não, Eminência.

Cardeal: Há uma certa dificuldade.

Demônio: Pois não.

Cardeal: O senhor se recorda que os contemporâneos do Mestre acreditavam que os animais também podiam ser possuídos pelos demônios.

Demônio: Sim.

Cardeal: Então... temos aquela passagem: Jesus ordenou que os demônios deixassem o corpo daquele homem infeliz e entrassem no corpo dos porcos. O senhor se lembra?

DEMÔNIO: Sim. (*voz baixa*) Acho que até eu estava lá.

CARDEAL: Como?

DEMÔNIO: Não, não, perfeitamente, lembro-me bem.

CARDEAL: Bem... E que os demônios, aliás, os porcos, (*fica embaraçado*) perdão, os demônios... enfim, os porcos, em consequência disso, desceram correndo a colina e afogaram-se no lago.

DEMÔNIO: Sim. (*pausa*)

CARDEAL: Mas então... então os senhores existem. Os porcos não poderiam... não teriam entendimento para descerem sozinhos a colina e afogarem-se no lago.

DEMÔNIO: Um momento, um momento. (*lentamente*) Alguns sugeriram que esse detalhe deve ser compreendido como um incidente concomitante e não como efeito do exorcismo.

MONSENHOR E CARDEAL: Por quê?

DEMÔNIO: Vejamos. A crença popular interpretou a debandada dos... (*fica embaraçado*) porcos... como uma obediência às ordens do Mestre. Mas... enfim... os porcos talvez tenham se assustado com as gesticulações frenéticas do endemoninhado... ou... então (*parêntese*) com todo respeito devido em tal matéria (*fecha parêntese*): a corrida e o afogamento dos demônios, enfim... dos porcos, não foi mais do que um acontecimento providencial para convencer o paciente e todos ali do sucesso do exorcismo.

O Monsenhor e o Cardeal não ficam muito satisfeitos com a explicação.

CARDEAL: Hum...

MONSENHOR: Hum...

DEMÔNIO (*delicadíssimo*): Senhores: as páginas das santas escrituras dizem bem da maneira como Deus se acomoda à pequenez da fé e do saber humano.

Essa frase reabilita totalmente o Demônio aos olhos do Monsenhor e do Cardeal.

CARDEAL (*muito satisfeito, tomando nota da frase*): Verdade, verdade.

MONSENHOR (*satisfeito, tomando nota*): ...à pequenez da fé e do saber humano. É verdade. É verdade. (*levanta-se e aperta a mão do Demônio*) O senhor elucidou muito bem. Muito bem.

O Demônio fica um pouco acanhado.

CARDEAL (*apertando a mão do Demônio*): Ficamos satisfeitos. (*o Demônio está acanhadíssimo*) Não, não, sinceramente, muito satisfeitos. (*todos ficam emocionados sem saber o que fazer. Algum tempo*) Muito bem, muito bem.

MONSENHOR: Agora... poderíamos até nos distrair um pouco.

CARDEAL: Jogamos?

DEMÔNIO: Jogamos.

O Cardeal e o Monsenhor pensam que o Demônio vai jogar xadrez mas o jogo do Demônio é outro. Pega rapidamente na túnica do Papa e finge-se de toureiro.

CARDEAL (*para o Demônio*): Não, não, não toque nisso.

MONSENHOR: Não deve ser por mal, Eminência. Ele está brincando.

CARDEAL (*vendo a cara compungida do Demônio*): Bem, vá lá, está bem. O senhor elucidou muito bem, verdade, muito bem.

O Demônio fica muito satisfeito, continua a brincadeira, dá algumas voltas na cena com estranha comicidade sob os olhares condescendentes do Monsenhor e do Cardeal. Para diante das estátuas de Mao, Marx e Lênin e sacode a túnica como se estivesse diante do touro, provocando risos do Cardeal e do Monsenhor. Em seguida o Demônio aponta a túnica para o Monsenhor que a princípio fica acanhado de fingir-se de touro, mas diante do olhar agradável do Cardeal resolve aderir à brincadeira. O Cardeal fica em atitude discreta como se estivesse tomando conta de um recreio de crianças, o Demônio aproxima-se também do Cardeal com muita graça e instiga o Cardeal a brincar, sacudindo a túnica. O Cardeal demora a convencer-se de que deve tomar parte no jogo, mas vendo a alegria ingênua do Monsenhor, e para não desapontá-lo, entra na brincadeira e ataca com certa sem-graceza o Demônio. O toureiro finge que foi atingido, em seguida levanta-se sorrindo e diante do extremo bom humor do Cardeal e do Monsenhor coloca como prêmio a túnica do papa nas costas do Cardeal. Cessam as risadas. O Cardeal fica profundamente chocado algum tempo. Em seguida alisa a túnica e vai erguendo lentamente a cabeça, possuído de vaidade. O Demônio toma com brandura a coroa e a coloca com extrema delicadeza sobre a cabeça do Cardeal. Cena silenciosa, grave.

DEMÔNIO (*rapidamente. Com enorme determinação para o Cardeal*): É preciso descobrir novas fórmulas.

Cardeal (*angustiado*): Não, não.

Demônio (*referindo-se ao Papa. Com determinação*): Ele está distraído.

Cardeal (*voz forte*): Não, não.

Demônio: Para o bem dos povos.

Cardeal (*voz forte*): Não.

Demônio: Para revitalizá-los.

Cardeal (*voz forte*): Não.

Demônio: Dar-lhes uma direção.

Cardeal (*desesperado*): Não, não. (*com grande angústia*) Já sabemos que tudo está perdido.

Demônio: Não fale assim, Beatíssimo Pa...

Cardeal (*interrompe. Com gestos papais*): Por favor, por favor.

Demônio: Só um instante. Escutai-me. (*pede para que o Cardeal o acompanhe até a mesa de xadrez e coloca respeitosamente o Cardeal no lugar do Papa. O Monsenhor aproxima-se. O Demônio mostra o jogo do Papa. Desalentado*) Ele não se resguardou. (*para os dois*) Examinai, por favor. Deixou brechas... absurdas. (*movimenta o jogo do adversário, rapidamente*) Mais estes lances... e agora... xeque-mate. (*Pausa. Referindo-se ao*

Papa) Ele não percebeu que os peões são peças... digamos... um pouco estúpidas, não podem recuar... na verdade eles têm um destino de morte. E que o cavalo... (*faz mímica, como se ele próprio fosse um cavalo*) salta pra lá, pra cá, como convém à sua agilidade e à sua fantasia. E que as torres (*olha para as estátuas de Mao, Marx, Lênin e Ulisses*) avançam em linha reta até as portas do inimigo, enfim, enfim, o rei se movimenta o menos possível porque... bem... é o destino dele. E a rainha... (*olha para o pássaro coroado, brinca com os guizos da coroa*) é sempre impulsiva, caprichosa... (*vai até a janela*) não tem conduta definida... é irresponsável (*espia através da vidraça*) e em certos momentos pode ficar totalmente louca. (*pausa. Encara o Cardeal e o Monsenhor*) O rei não propôs soluções.

MONSENHOR (*olhando para o pássaro*): Porque não existe mais solução.

DEMÔNIO (*com determinação*): Existe. (*vai rapidamente até as estátuas de Mao, Marx, Lênin e as conduz para a frente da cena, uma por uma e coloca-as bem próximas uma da outra. O Cardeal tenta falar, o Demônio interrompe com um gesto e coloca, com euforia, na frente das três estátuas, a estátua de Ulisses*)

CARDEAL (*surpreso*): Ulisses?

MONSENHOR (*encantado*): Ulisses?

DEMÔNIO (*encantado*): Uma dimensão de heroicidade. Uma visão estética (*apontando o pássaro*) para a rainha.

CARDEAL (*com desprezo*): Uma odisseia doméstica, isso sim. (*pausa. Resolve examinar Ulisses*)

MONSENHOR: É bonito.

CARDEAL: É bonito o quê?

MONSENHOR (*examinando o conjunto das estátuas*): Assim... assim como composição, como módulo.

CARDEAL (*sem entender*): Módulo?

DEMÔNIO (*dando as definições múltiplas da palavra*): Medida reguladora das proporções arquitetônicas de um edifício. Diâmetro de medalha. Quantidade que se toma como unidade de qualquer medida. Designação do valor absoluto de um número real associado a um vetor ou a uma grandeza vetorial. Módulo: do verbo modular.

CARDEAL (*tentando lembrar-se do verbo*): Modular... modular...

Demônio (*dando a definição*): Cantar ou tocar, mudando de tom, segundo as regras da harmonia. Dizer, tocar ou cantar melodiosamente.

Monsenhor (*vaidoso de ter dito a palavra*): Módulo, módulo, é isso, é isso.

Cardeal: Módulo... parece moderninho. Mas (*olhando as quatro estátuas*) não seria uma velha cantiga apenas com um novo refrão?

Demônio (*entusiasmado, pegando a lousa e pendurando-a na estátua de Ulisses*): Inventamos uma sigla. (*vai escrevendo enquanto fala*) Lênin, Ulisses, Marx, Mao, igual a êxito. Ficaria assim: Ele de Lênin, U de Ulisses, Eme de Marx, Eme de Mao, E de êxito. (*escreve com letras grandes*) LUMME. LUMME. Quer dizer luz. (*pausa. Espera o efeito*)

Cardeal: Lume com dois emes?

Demônio: Mas o senhor é um catador de pulga, hein, Eminência?

Cardeal (*examinando Ulisses novamente*): E depois Ulisses... hum... (*para o Demônio*) O senhor sabe que ele semeava sal sobre a areia da praia fingindo-se de louco para não ir à guerra?

Demônio: Então, Eminência, então, nós não queremos a paz?

Monsenhor: Mas depois ele até inventou o cavalo de Troia.

Demônio: Então, Monsenhor, então... se for preciso, a guerra.

Cardeal: Não. Isso nunca.

Demônio (*tentando convencer o Cardeal e referindo-se a Ulisses*): Ele disse: "Pai, eu sou aquele que tu esperavas".

Cardeal (*com melancolia*): Também disse: "Suporta, meu coração, tu suportaste coisas mais duras".

Monsenhor: Eu ainda não entendi muito bem... (*olhando o conjunto das estátuas, afastando-se e aproximando-se algumas vezes*) mas à primeira vista...

Demônio (*interrompe*): O mais importante é a ação. Sem definir os fins.

Monsenhor (*continuando a examinar*): ...à primeira vista... (*com determinação*) essa ideia empolga.

Cardeal: Mas não haverá paradoxos? Pequenas contradições entre os quatro?

Demônio: Naturalmente. Mas sempre haverá alguém que conseguirá realimentá-los num só feixe.

Monsenhor (*encantado*): Um feixe... monadelfo?

Demônio: Sim, sim. Mas não usaremos essa palavra.

Monsenhor: De qualquer forma era um homem de ideias o meu avô.

Demônio (*voz baixa*): Obrigado. Obrigado. (*pega a lousa e em seguida a entrega ao Cardeal*) Ide, Santo Padre, ide. Ide para revitalizá-los. (*o Cardeal encaminha-se à janela*) Não, não, Santo Padre! É preciso que Vossa Santidade se aproxime mais.

Cardeal (*tragicamente mas com vaidade*): Ir à praça?

Demônio: Sim. Eu mandarei boas vibrações. E o Monsenhor, tão jovem, será considerado um amigo e saberá vos proteger. (*o Cardeal fica paralisado. O Demônio procura entusiasmá-lo*) Lume, Santo Padre, lume. Do latim: lumen, luminis.

Monsenhor (*encantado*): O senhor estudou latim?

Demônio: Um tempo sim. Num estágio que fiz.

Monsenhor: Onde?

Demônio: No seminário. (*para o Cardeal. Empurrando-o para a porta da esquerda*) Lume... lume... lume...

O Cardeal sai solenemente como se estivesse hipnotizado. O Monsenhor sai atrás.

Monsenhor (*voltando encantado*): É isso mesmo. Lumen, luminis, está certo, é isso mesmo. (*sai*)

O Demônio fica a sós e aproxima-se de Jesus.

Demônio (*para Jesus*): Meu Senhor, sempre me colocas em boas enrascadas. (*caminha até a janela, olha através das vidraças para o povo*) O tédio... o tédio... e o tédio consome mais do que a fome e as batalhas. (*aproxima-se novamente de Jesus*) Cuspiram em Ti, não Te conhecem mais. E não querem mais palavras. (*aproxima-se de Mao, Marx e Lênin*) E esses três cheios de soberba, com suas fórmulas mecanicistas... também foram esquecidos. (*alisando o rabo*) É preciso revivê-los. (*volta-se para Jesus, como se O ouvisse falar*) Por quê? Por quê? Ora, meu senhor, para que tudo se inicie novamente. Para que a luta continue. Convenhamos, dei-lhes uma esplêndida proposição. (*encantado*) Lume... lume. (*ainda como se estivesse ouvindo uma fala de Jesus*) O nosso contrato? (*comovido, aproximando-se de Jesus*) Foi inútil... foi tudo em vão, em vão. Vê, senhor, a carne dos humanos está flácida, o ventre arredondado e volumoso. Pediram para comer. Está certo, está certo, mas bem que eu lhes dizia há tantos anos atrás: está bem, a comida está bem, mas depois da comida o quê? (*sorrindo*) Diziam que depois da comida, depois do ventre saciado, começaria um novo tempo. (*aproxima-se da janela, espia*) Aqueles dois senhores ainda não chegaram. É difícil chegar até lá. Bem... começaria um novo tempo, diziam. (*olhando através das vidraças fixamente*) Um tempo de nada, um tempo de nada. (*voz forte, repetindo palavras de outros*) É preciso encher as barrigas! (*ameno*) E como ficaram furiosos comigo... quando... (*resolve não continuar o pensamento*) Chamavam-me de... (*como se dissesse um palavrão*) prematuro. Prematuro! (*imitando um humano*) Tudo o que você fala é prematuro, sai, sai, primeiro a barriga e depois o resto. (*como se estivesse ouvindo Mao*) Não, não, não, não, eu não acho que a necessidade (*sorri*) é necessária. Não, não me interprete burramente. Apenas ouso dizer... ouso? (*olha em redor. Sorrindo*) Bem, em nome da necessidade se batiam... e às vezes nessa luta eu tinha a esperança de que chegariam a se conhecer. Mas não foi mesmo uma ingênua esperança?

O Papa entra lentamente, olha ao redor. Algum tempo.

Papa (*apreensivo*): Onde estão os meus?

Demônio: Foram descansar neste minuto, Santo Padre.

Papa: Descansar? (*tristíssimo*) E só você é quem vigia? (*olha para as estátuas de Mao, Marx, Lênin e Ulisses. Apreensivo*) Mudaram de lugar?

Demônio: Tentamos fazer uma composição, Santo Padre. (*vai até a janela, espia. Voz baixa*) Já chegaram.

Papa (*profunda tristeza*): Esqueceram-se d'Ele? (*ruídos crescentes intensíssimos vindos da praça. Um tempo. O Papa está perturbadíssimo. Algum tempo. Ruído de uma rajada de metralhadora. O Papa olha com horror para o Demônio, vai rapidamente até a janela, abrindo-a. Ruído intenso de hostilidade. Vai até a sacada. Recua lentamente horrorizado. Com grande sofrimento, para o Demônio*) Por quê? Por quê?

Demônio: Era muito necessário, Santo Padre.

Nova rajada de metralhadora, depois mais uma e muitas. O Papa encaminha-se até a sacada, com desespero.

Papa (*abrindo os braços em cruz. Para o povo*): Em nome do Cristo! Parem! Em nome do Cris...

(*rajada violenta de metralhadora, matando o Papa*)

Súbito silêncio. Algum tempo. Em seguida, uma metralhadora é lançada para dentro da sala, pela sacada. O Demônio examina a metralhadora, começa a sorrir, sorri.

Demônio: Este é novamente o meu tempo.

Ouve-se na praça uma voz jovem, vigorosa.

Voz vigorosa: Vamos começar por onde?

Demônio (*muito contente, apontando a metralhadora para todos os lados, dando voltas no palco e atirando. Metralhadora na praça atirando logo depois do Demônio*): Pelo começo! Pelo começo! Pelo começo!

Escurecimento gradativo, luz sinistra sobre as garras do pássaro.

FIM

Coleção **L&PM** POCKET

1265. **Ame e não sofra** – Walter Riso
1266. **Desapegue-se!** – Walter Riso
1267. **Os Sousa: Uma família do barulho** – Mauricio de Sousa
1268. **Nico Demo: O rei da travessura** – Mauricio de Sousa
1269. **Testemunha de acusação e outras peças** – Agatha Christie
1270(34). **Dostoiévski** – Virgil Tanase
1271. **O melhor de Hagar 8** – Dik Browne
1272. **O melhor de Hagar 9** – Dik Browne
1273. **O melhor de Hagar 10** – Dik e Chris Browne
1274. **Considerações sobre o governo representativo** – John Stuart Mill
1275. **O homem Moisés e a religião monoteísta** – Freud
1276. **Inibição, sintoma e medo** – Freud
1277. **Além do princípio de prazer** – Freud
1278. **O direito de dizer não!** – Walter Riso
1279. **A arte de ser flexível** – Walter Riso
1280. **Casados e descasados** – August Strindberg
1281. **Da Terra à Lua** – Júlio Verne
1282. **Minhas galerias e meus pintores** – Kahnweiler
1283. **A arte do romance** – Virginia Woolf
1284. **Teatro completo v. 1: As aves da noite** *seguido de* **O visitante** – Hilda Hilst
1285. **Teatro completo v. 2: O verdugo** *seguido de* **A morte do patriarca** – Hilda Hilst
1286. **Teatro completo v. 3: O rato no muro** *seguido de* **Auto da barca de Camiri** – Hilda Hilst
1287. **Teatro completo v. 4: A empresa** *seguido de* **O novo sistema** – Hilda Hilst
1289. **Fora de mim** – Martha Medeiros
1290. **Divã** – Martha Medeiros
1291. **Sobre a genealogia da moral: um escrito polêmico** – Nietzsche
1292. **A consciência de Zeno** – Italo Svevo
1293. **Células-tronco** – Jonathan Slack
1294. **O fim do ciúme e outros contos** – Proust
1295. **A jangada** – Júlio Verne
1296. **A ilha do dr. Moreau** – H.G. Wells
1297. **Ninho de fidalgos** – Ivan Turguêniev
1298. **Jane Eyre** – Charlotte Brontë
1299. **Sobre gatos** – Bukowski
1300. **Sobre o amor** – Bukowski
1301. **Escrever para não enlouquecer** – Bukowski
1302. **222 receitas** – J. A. Pinheiro Machado
1303. **Reinações de Narizinho** – Monteiro Lobato
1304. **O Saci** – Monteiro Lobato
1305. **Memórias da Emília** – Monteiro Lobato
1306. **O Picapau Amarelo** – Monteiro Lobato
1307. **A reforma da Natureza** – Monteiro Lobato
1308. **Fábulas** *seguido de* **Histórias diversas** – Monteiro Lobato
1309. **Aventuras de Hans Staden** – Monteiro Lobato
1310. **Peter Pan** – Monteiro Lobato
1311. **Dom Quixote das crianças** – Monteiro Lobato
1312. **O Minotauro** – Monteiro Lobato
1313. **Um quarto só seu** – Virginia Woolf
1314. **Sonetos** – Shakespeare
1315(35). **Thoreau** – Marie Berthoumieu e Laura El Makki
1316. **Teoria da arte** – Cynthia Freeland
1317. **A arte da prudência** – Baltasar Gracián
1318. **O louco** *seguido de* **Areia e espuma** – Khalil Gibran
1319. **O profeta** *seguido de* **O jardim do profeta** – Khalil Gibran
1320. **Jesus, o Filho do Homem** – Khalil Gibran
1321. **A luta** – Norman Mailer
1322. **Sobre o sofrimento do mundo e outros ensaios** – Schopenhauer
1323. **Epidemiologia** – Rodolfo Sacacci
1324. **Japão moderno** – Christopher Goto-Jones
1325. **A arte da meditação** – Matthieu Ricard
1326. **O adversário secreto** – Agatha Christie
1327. **Pollyanna** – Eleanor H. Porter
1328. **Espelhos** – Eduardo Galeano
1329. **A Vênus das peles** – Sacher-Masoch
1330. **O 18 de brumário de Luís Bonaparte** – Karl Marx
1331. **Um jogo para os vivos** – Patricia Highsmith
1332. **A tristeza pode esperar** – J.J. Camargo
1333. **Vinte poemas de amor e uma canção desesperada** – Pablo Neruda
1334. **Judaísmo** – Norman Solomon
1335. **Esquizofrenia** – Christopher Frith & Eve Johnstone
1336. **Seis personagens em busca de um autor** – Luigi Pirandello
1337. **A Fazenda dos Animais** – George Orwell
1338. **1984** – George Orwell
1339. **Ubu Rei** – Alfred Jarry
1340. **Sobre bêbados e bebidas** – Bukowski
1341. **Tempestade para os vivos e para os mortos** – Bukowski
1342. **Complicado** – Natsume Ono
1343. **Sobre o livre-arbítrio** – Schopenhauer
1344. **Uma breve história da literatura** – John Sutherland
1345. **Você fica tão sozinho às vezes que até faz sentido** – Bukowski
1346. **Um apartamento em Paris** – Guillaume Musso
1347. **Receitas fáceis e saborosas** – José Antonio Pinheiro Machado
1348. **Por que engordamos** – Gary Taubes
1349. **A fabulosa história do hospital** – Jean-Noël Fabiani
1350. **Voo noturno** *seguido de* **Terra dos homens** – Antoine de Saint-Exupéry
1351. **Doutor Sax** – Jack Kerouac
1352. **O livro do Tao e da virtude** – Lao-Tsé
1353. **Pista negra** – Antonio Manzini
1354. **A chave de vidro** – Dashiell Hammett
1355. **Martin Eden** – Jack London

lepmeditores
www.lpm.com.br
o site que conta tudo

IMPRESSÃO:

PALLOTTI
GRÁFICA

Santa Maria - RS | Fone: (55) 3220.4500
www.graficapallotti.com.br